Johann Wolfgang Goethe

Mit Seide näht man keinen groben Sack

Ausgewählt von Klaus Seehafer

Aufbau Taschenbuch Verlag

ISBN 3-7466-1579-8

1. Auflage 1999
© Aufbau Taschenbuch Verlag GmbH, Berlin 1999
Umschlaggestaltung und Bildmanipulation
Preuße & Hülpüsch Grafik Design nach einem Gemälde
von Gerhard von Kügelgen um 1808
Satz LVD GmbH, Berlin
Druck Elsnerdruck GmbH, Berlin
Printed in Germany

Inhalt

Selbstbewußtsein 9
Spitzen allgemeinen Charakters 16
Gesteigerte Schmähungen 35
Kleines Personenalphabet 44
Giftige Gastgeschenke 57
»Des Bettes lieblich knarrender Ton« 61
»Habe nun, ach!« und andere Irrtümer 73
»Durchaus studiert, mit heißem Bemühn« 82
»Und leider auch Theologie« 90
Kunst und Künstler 97
Gesellschaft und Politik 127
Ein Letztes 138
Ein Allerletztes 139
Grabschrift 140

Nachwort: »Jener leidenschaftlich wilde Humor« oder Vom Wunsch des Allseitigen, auch einmal einseitig zu sein 141

> Sie mögen mich nicht! Das matte Wort!
> Ich mag sie auch nicht!
>
> *Im August 1808 zu Johann Daniel Falk*

Gern hören wir allerlei gute Lehr,
Doch Schmähen und Schimpfen noch viel mehr.
> *»Zahme Xenien«*

SELBSTBEWUSSTSEIN

Ja, wenn ich es nur je dahin noch bringen könnte, daß ich ein Werk verfaßte – aber ich bin zu alt dazu –, daß die Deutschen mich so ein funfzig oder hundert Jahre hintereinander recht gründlich verwünschten und aller Orten und Enden mir nichts als Übels nachsagten; das sollte mich außer Maßen ergetzen. Es müßte ein prächtiges Produkt sein, was solche Effekte bei einem von Natur völlig gleichgültigen Publikum, wie das unsere, hervorbrächte.

Johann Daniel Falk, »Goethe aus näherm persönlichen Umgange dargestellt« (1832)

>   Doch bin ich, wie ich bin,
>   Und nimm mich nur hin!
>   Willst du beßre besitzen,
>   So laß dir sie schnitzen.
>
>   Aus: »Liebhaber in allen Gestalten«

> »Warum bist du so hochmütig?
>   Hast sonst nicht so die Leute gescholten!«
> Wäre sehr gerne demütig,
> Wenn sie mich nur so lassen wollten.
>
> »Zahme Xenien«

Was klagst du über Feinde?
Sollten solche je werden Freunde,
Denen das Wesen, wie du bist,
Im stillen ein ewiger Vorwurf ist?

»West-östlicher Divan«

Ich bin euch sämtlichen zur Last,
Einigen auch sogar verhaßt;
Das hat aber gar nichts zu sagen:
Denn mir behagt's in alten Tagen,
So wie es mir in jungen behagte,
Daß ich nach alt und jung nicht fragte.

»Zahme Xenien«

Gar nichts Neues sagt ihr mir!
Unvollkommen war ich ohne Zweifel.
Was ihr an mir tadelt, dumme Teufel,
Ich weiß es besser als ihr!

»Zahme Xenien«

»Sie malträtieren dich spät und früh;
Sprichst du denn gar nicht mit?«
††† Seliger Erben und Kompagnie,
Die Firma hat immer Kredit.

»Zahme Xenien«

Für mich hab ich genug erworben,
Soviel auch Widerspruch sich regt;
Sie haben meine Gedanken verdorben
Und sagen, sie hätten mich widerlegt.

»Zahme Xenien«

Nein, das wird mich nicht kränken,
Ich acht es für Himmelsgabe!
Soll ich geringer von mir denken,
Weil ich Feinde habe?

»Zahme Xenien«

Haben da und dort zu mäkeln,
An dem äußern Rand zu häkeln,
Machen mir den kleinen Krieg.
Doch ihr schadet eurem Rufe;
Weilt nicht auf der niedern Stufe,
Die ich längst schon überstieg!

»Zahme Xenien«

Zuerst nenne ich meine *Gegner aus Dummheit*; es sind solche, die mich nicht verstanden und die mich tadelten, ohne mich zu kennen. Diese ansehnliche Masse hat mir in meinem Leben viele Langeweile gemacht; doch es soll ihnen verziehen sein, denn sie wußten nicht, was sie taten. [–] Eine zweite große Menge bildeten sodann meine *Neider*. Diese Leute gönnen mir das Glück und die ehrenvolle Stellung nicht, die ich durch mein Talent mir erworben. Sie zerren an meinem Ruhm und hätten mich gerne vernichtet. Wäre ich unglücklich und elend, so würden sie aufhören. [–] Ferner kommt eine große Anzahl derer, die aus *Mangel an eigenem Sukzeß* meine Gegner geworden. Es sind begabte Talente darunter, allein sie können mir nicht verzeihen, daß ich sie verdunkele. [–] Viertens nenne ich meine Gegner aus *Gründen*. Denn da ich ein Mensch bin und als solcher menschliche Fehler und Schwächen habe, so können auch meine Schriften davon nicht frei sein. Da es mir aber mit meiner Bildung Ernst war und ich an meiner Veredelung unablässig arbeitete, so war ich im beständigen Fortstreben begriffen, und es ereignete sich oft, daß sie mich wegen eines Fehlers tadelten, den ich längst abgelegt hatte. Diese Guten haben mich am wenigsten verletzt; sie schossen nach mir, wenn ich schon meilenweit von ihnen entfernt war. Überhaupt war ein abgemachtes Werk mir ziemlich gleichgültig; ich befaßte mich nicht weiter damit und dachte sogleich an etwas Neues.

Zu Eckermann am 14. April 1824

»Bei mancherlei Geschäftigkeit
Hast dich ungeschickt benommen.«
Ohne jene Verrücktheit
Wär ich nicht so weit gekommen.

»Zahme Xenien«

Wie magst du ruhig fort erfahren,
Daß sie dich schelten? –
Ich rede zu! In funfzig Jahren
Wird es schon gelten.

»Zahme Xenien«

Ja! Ich rechne mir's zur Ehre,
Wandle fernerhin allein!
Und wenn es ein Irrtum wäre,
Soll es doch nicht eurer sein!

»Zahme Xenien«

»So sei doch höflich!« – Höflich mit dem Pack?
Mit Seide näht man keinen groben Sack.

»Zahme Xenien«

»Sonst warst du so weit vom Prahlen entfernt,
Wo hast du das Prahlen so grausam gelernt?«
Im Orient lernt ich das Prahlen.
Doch seit ich zurück bin, im westlichen Land
Zu meiner Beruhigung find ich und fand
Zu Hunderten Orientalen.

»Zahme Xenien«

Ich weiß recht gut, ich bin vielen ein Dorn im Auge, sie wären mich alle sehr gerne los; und da man nun an meinem Talent nicht rühren kann, so will man an meinen Charakter. Bald soll ich stolz sein, bald egoistisch, bald voller Neid gegen junge Talente, bald in Sinnenlust versunken, bald ohne Christentum und nun endlich gar ohne Liebe zu meinem Vaterlande und meinen lieben Deutschen. […] Ein deutscher Schriftsteller – ein deutscher Märtyrer!

Zu Eckermann am 14. März 1830

Ich bin mit allen Menschen einig, die mich zunächst angehen, und von den übrigen laß ich mir nichts mehr gefallen, und da ist die Sache aus.

»Maximen und Reflexionen«

Ich höre das ganze Jahr jedermann anders reden, als ich's meine; warum sollt' ich denn auch nicht einmal sagen, wie ich gesinnt bin?

»Maximen und Reflexionen«

> Hätte Gott mich anders gewollt,
> So hätt er mich anders gebaut;
> Da er mir aber Talent gezollt,
> Hat er mir viel vertraut.
> Ich brauch es zur Rechten und Linken,
> Weiß nicht, was daraus kommt;
> Wenn's nicht mehr frommt,
> Wird er schon winken.

»Zahme Xenien«

Wenn man anders als grosse Geister denckt, so ist es gemeiniglich das Zeichen eines kleinen Geists. Ich mag nicht gerne, eins und das andre seyn. Ein grosser Geist irrt sich so gut wie ein kleiner, jener weil er keine Schrancken kennt, und dieser weil er seinen Horizont, für die Welt nimmt.

Brief vom 13. Februar 1769

[Über die frühen Frankfurter Verhältnisse:] Das Unverhältniß des engen und langsam bewegten bürgerlichen Kreyses, zu der Weite und Geschwindigkeit meines Wesens hätte mich rasend gemacht. Bey der lebhaften Einbildung und Ahndung menschlicher Dinge, wäre ich doch immer unbekannt mit der Welt, und in einer ewigen Kindheit geblieben, welche meist durch Eigendünkel, und alle verwandte Fehler, sich und andern unerträglich wird.

Brief vom 11. August 1781

Man war im Grunde nie mit mir zufrieden und wollte mich immer anders, als es Gott gefallen hatte, mich zu machen. Auch war man selten mit dem zufrieden, was ich hervorbrachte. Wenn ich mich Jahr und Tag mit ganzer Seele abgemüht hatte, der Welt mit einem neuen Werke etwas zuliebe zu tun, so verlangte sie, daß ich mich noch obendrein bei ihr bedanken sollte, daß sie es nur erträglich fand. – Lobte man mich, so sollte ich das nicht in freudigem Selbstgefühl als einen schuldigen Tribut hinnehmen, sondern man erwartete von mir irgendeine ablehnende bescheidene Phrase, worin ich demütig den völligen Unwert meiner Person und meines Werkes an den Tag lege. Das aber widerstrebte meiner Natur, und ich hätte müssen ein elender Lump sein, wenn ich so hätte heucheln und lügen wollen. Da ich nun aber stark genug war, mich in ganzer Wahrheit so zu zeigen, wie ich fühlte, so galt ich für stolz und gelte noch so bis auf den heutigen Tag.

Zu Eckermann am 4. Januar 1824

Spitzen allgemeinen Charakters

Im neuen Jahre Glück und Heil;
Auf Weh und Wunden gute Salbe!
Auf groben Klotz ein grober Keil!
Auf *einen* Schelmen anderthalbe!

»Sprichwörtlich«

Ich kann mich nicht betören lassen,
Macht euren Gegner nur nicht klein:
Ein Kerl, den alle Menschen hassen,
Der muß was sein!

»Zahme Xenien«

Sich einen moralischen Bruch heben

»Hanswursts Hochzeit«

Es wird einem nichts erlaubt, man muß es nur sich selber erlauben; dann lassen sich's die andern gefallen, oder nicht.

Zu Riemer am 6. August 1811

Durch nichts bezeichnen die Menschen mehr ihren Charakter als durch das, was sie lächerlich finden.

»Die Wahlverwandtschaften«

Der Verständige findet fast alles lächerlich, der Vernünftige fast nichts.

»Die Wahlverwandtschaften«

Der Mensch kann nur mit seinesgleichen leben, und auch mit denen nicht; denn er kann auf die Länge nicht leiden, daß ihm jemand gleich sei.

»Maximen und Reflexionen«

Es ist nur, seit man den Katzen weisgemacht hat, die Löwen gehören in ihr Geschlecht, daß sich jeder ehrliche Hauskater zutraut, er könne und dürfe Löwen und Pardeln die Tatze reichen und sich brüderlich mit ihnen herumziehen, die doch ein für allemal von Gott zu einer andern Art Tier gebildet sind.

Brief vom 17. Oktober 1779

> Wollt', ich lebte noch hundert Jahr
> Gesund und froh, wie ich meistens war;
> Merkel, Spazier und Kotzebue*
> Hätten auch so lange keine Ruh,
> Müßten's kollegialisch treiben,
> Täglich ein Pasquill auf mich schreiben.
> Das würde nun fürs nächste Leben
> Sechsunddreißigtausendfünfhundert geben,
> Und bei der schönen runden Zahl

* Die Publizisten Garlieb Merkel und Johann Gottlieb Karl Spazier sowie der Erfolgsdramatiker August von Kotzebue wurden von Goethe mit besonderer Vorliebe angegriffen, was übrigens auf Gegenseitigkeit beruhte.

Rechn' ich die Schalttäg nicht einmal.
Gern würd ich dieses holde Wesen
Zu Abend auf dem Nachtstuhl lesen,
Grobe Worte, gelind Papier
Nach Würdigkeit bedienen hier;
Dann legt ich ruhig, nach wie vor,
In Gottes Namen mich aufs Ohr.

»Invektiven«

Kein Argument in der Welt bringt mich so aus der Fassung, als wenn einer mit einem unbedeutenden Gemeinspruche angezogen kommt, da ich aus ganzem Herzen rede.

»Die Leiden des jungen Werther«

Der Philister negiert nicht nur andere Zustände, als der seinige ist, er will auch, daß alle übrigen Menschen auf seine Weise existieren sollen. [...] Man wird in philisterhaften Äußerungen immer finden, daß der Kerl immer zugleich seinen eigenen Zustand ausspricht, indem er den fremden negiert, und daß er also den seinen als allgemein sein sollend verlangt.

Zu Riemer am 18. August 1807

Die meisten verarbeiten den größten Teil der Zeit, um zu leben, und das bißchen, das ihnen von Freiheit übrig bleibt, ängstigt sie so, daß sie alle Mittel aufsuchen, um es los zu werden.

»Die Leiden des jungen Werther«

In der Welt kommt's nicht drauf an, daß man die Menschen kenne, sondern daß man im Augenblick klüger sei als der vor uns Stehende. Alle Jahrmärkte und Marktschreier geben Zeugnis.

»Maximen und Reflexionen«

> Das Schlechte kannst du immer loben,
> Du hast dafür sogleich den Lohn!
> In deinem Pfuhle schwimmst du oben
> Und bist der Pfuscher Schutzpatron.
>
> Das Gute schelten? – Magst's probieren!
> Es geht, wenn du dich frech erkühnst;
> Doch treten, wenn's die Menschen spüren,
> Sie dich in Quark, wie du's verdienst.
>
> »Zahme Xenien«

Ars, Ares wird der Kriegsgott genannt,
Ars heißt die Kunst, und A[rsch] ist auch bekannt.
Welch ein Geheimnis liegt in diesen Wundertönen!
Die Sprache bleibt ein reiner Himmelshauch,
Empfunden nur von stillen Erdensöhnen;
Fest liegt der Grund, bequem ist der Gebrauch,
Und wo man wohnt, da muß man sich gewöhnen.

»Parabolisch«

So viel kann ich sagen ie gröser die Welt desto garstiger wird die Farce und ich schwöre, keine Zote und Eseley der Hanswurstiaden ist so eckelhafft als das Wesen der Grosen Mittlern und Kleinen durch einander.

Brief vom 17.–24. Mai 1778

> Freigebiger wird betrogen,
> Geizhafter ausgesogen,
> Verständiger irregeleitet,
> Vernünftiger leer geweitet,
> Der Harte wird umgangen,
> Der Gimpel wird gefangen.
> Beherrsche diese Lüge,
> Betrogener betrüge!
>
> »West-östlicher Divan«

Untersucht man die Grade der Verrücktheit, so findet man die für die tollsten, die sich einbilden, sie hätten wirklich eine Art von Urteil über das, was sie gesehen haben.

Brief vom 4. Dezember 1808

Bey unserm Theater kommt es mir oft wie bey der hiesigen Akademie vor: es ist als wenn die Welt nur für die Groben und Impertinenten da wäre, und die Ruhigen und Vernünftigen sich nur ein Plätzchen um Gotteswillen erbitten müßten.

Brief vom 11. August 1809

> Viel Wunderkuren gibt's jetztunder,
> Bedenkliche, gesteh ich's frei!
> Natur und Kunst tun große Wunder,
> Und es gibt Schelme nebenbei.
>
> »Zahme Xenien«

Es ist was Schreckliches um einen vorzüglichen Mann, auf den sich die Dummen was zugute tun.

»Maximen und Reflexionen«

Wenn ihr sagt: »Wir machen's so«, da hat kein Mensch was dagegen; sagt ihr aber: »Ihr sollt's auch so machen, euch nach unserer Beschränkung beschränken«, da kommt ihr um vieles zu spät.

»Maximen und Reflexionen«

> Wer aber recht bequem ist und faul,
> Flög dem eine gebratne Taube ins Maul,
> Er würde höchlich sich's verbitten,
> Wär sie nicht auch geschickt zerschnitten.
>
> »Sprichwörtlich«

Dem Menschen ist verhaßt, was er nicht glaubt selbst getan zu haben; deswegen der Parteigeist so eifrig ist. Jeder Alberne glaubt ins Beste einzugreifen, und alle Welt, die nichts ist, wird zu was.

»Maximen und Reflexionen«

> Was ist ein Philister?
> Ein hohler Darm,
> Mit Furcht und Hoffnung ausgefüllt.
> Daß Gott erbarm!
>
> »Zahme Xenien«

Perfektibilität

Möcht ich doch wohl besser sein,
Als ich bin! Was wär es!
Soll ich aber besser sein,
Als du bist, so lehr es!

Möcht ich auch wohl besser sein
Als so mancher andre!
»Willst du besser sein als wir,
Lieber Freund, so wandre.«

»Epigrammatisch«

Gibt's ein Gespräch, wenn wir uns nicht betrügen,
Mehr oder weniger versteckt?
So ein Ragout von Wahrheit und von Lügen,
Das ist die Köcherei, die mir am besten schmeckt.

»Zahme Xenien«

Dieses ist das Bild der Welt,
Die man für die beste hält:
Fast wie eine Mördergrube,
Fast wie eines Burschen Stube,
Fast so wie ein Opernhaus,
Fast wie ein Magisterschmaus,
Fast wie Köpfe von Poeten,
Fast wie schöne Raritäten,
Fast wie abgesetztes Geld
Sieht sie aus, die beste Welt.

In das Stammbuch von Friedrich Maximilian
Moors

Dich betrügt der Staatsmann, der Pfaffe, der Lehrer
 der Sitten,
 Und dies Kleeblatt, wie tief betest du, Pöbel, es an.
Leider läßt sich noch kaum was Rechtes denken und
 sagen
 Das nicht grimmig den Staat, Götter und Sitten
 verletzt.

»Epigrammatisch«

Ob die Menschen im ganzen sich bessern? Ich glaub
 es, denn einzeln,
Suche man, wie man auch will, sieht man doch gar
 nichts davon.

»Xenien«

    Der du so nach Erfindung bangst,
    Du solltest dich so sehr nicht plagen;
    Wenn du eine weise Antwort verlangst,
    Mußt du vernünftig fragen.

    »Invektiven«

    Es möchte niemand mehr gehorchen,
    Wären aber alle gerne gut bedient.

    »Zahme Xenien« (Ruf ich, da will mir keiner)

Da habt ihr's nun! mit Narren sich beladen,
Das kommt zuletzt dem Teufel selbst zu Schaden.

»Faust, 2. Teil«

Mit diesen Menschen umzugehen
Ist wahrlich keine große Last:
Sie werden dich recht gut verstehen,
Wenn du sie nur zum besten hast.

»Zahme Xenien«

Seit einigen Tagen
Machst du mir ein bös Gesicht.
Du denkst wohl, ich soll fragen,
Welche Mücke dich sticht.

»Zahme Xenien«

Das ist doch nur der alte Dreck,
Werdet doch gescheiter!
Tretet nicht immer denselben Fleck,
So geht doch weiter!

»Zahme Xenien«

Mit Mädeln sich vertragen,
Mit Männern rumgeschlagen,
Und mehr Kredit als Geld;
So kommt man durch die Welt.

»Claudine von Villa Bella«

Ein jeder denkt in seinem Dunst,
Andrer Verdienst sei winzig klein.
Bewahre jeder die Vergunst,
Auf seine Weise toll zu sein.

»Zahme Xenien«

Bedenkt, man will euch hören;
So seid nicht redefaul;
Und wollt ihr euch erklären,
So nehmt nicht Brei ins Maul.

»Zahme Xenien«

Besonders Eulen, die verdrießt,
Daß etwas Tag in die Ritzen fließt.

»Zahme Xenien«

»Wie doch, betriegerischer Wicht,
 Verträgst du dich mit allen?«
Ich leugne die Talente nicht,
 Wenn sie mir auch mißfallen.

»Zahme Xenien«

Hör auf doch, mit Weisheit zu prahlen, zu prangen,
Bescheidenheit würde dir löblicher stehn:
Kaum hast du die Fehler der Jugend begangen,
So mußt du die Fehler des Alters begehn.

»Zahme Xenien«

X hat sich nie des Wahren beflissen,
Im Widerspruche fand er's;
Nun glaubt er alles besser zu wissen
Und weiß es nur anders.

»Zahme Xenien«

Mit Widerlegen, Bedingen, Begrimmen
Bemüht und brüstet mancher sich;
Ich kann daraus nichts weiter gewinnen,
Als daß er anders denkt wie ich.

»Zahme Xenien«

Niemand muß herein rennen
Auch mit den besten Gaben;
Sollen's die Deutschen mit Dank erkennen,
So wollen sie Zeit haben.

»Zahme Xenien«

Die echte Konversation
Hält weder früh noch Abend Stich;
In der Jugend sind wir monoton,
Im Alter wiederholt man sich.

»Zahme Xenien«

Die holden jungen Geister
Sind alle von einem Schlag,
Sie nennen mich ihren Meister
Und gehn der Nase nach.

»Zahme Xenien«

Mit seltsamen Gebärden
Gibt man sich viele Pein,
Kein Mensch will etwas werden,
Ein jeder will schon was sein.

»Zahme Xenien«

Grenzenlose Lebenspein,
Fast, fast erdrückt sie mich!
Das wollen alle Herren sein,
Und keiner ist Herr von sich.

»Zahme Xenien«

Wenn ich dumm bin, lassen sie mich gelten;
Wenn ich recht hab, wollen sie mich schelten.

»Zahme Xenien«

»Sage deutlicher, wie und wenn;
Du bist uns nicht immer klar.«
Gute Leute, wißt ihr denn,
Ob ich mir's selber war?

»Zahme Xenien«

Das Absurde, Falsche läßt sich jedermann gefallen: denn es schleicht sich ein; das Wahre, Derbe nicht: denn es schließt aus.

»Maximen und Reflexionen«

Jeder sollte freilich grob sein,
Aber nur in dem, was er versteht.

»West-östlicher Divan«

Manche sind auf das, was sie wissen, stolz, gegen das, was sie nicht wissen, hoffärtig.

»Maximen und Reflexionen«

Man kann nicht für jedermann leben, besonders für die nicht, mit denen man nicht leben möchte.

»Maximen und Reflexionen«

Man läßt sich seine Mängel vorhalten, man läßt sich strafen, man leidet manches um ihrer willen mit Geduld; aber ungeduldig wird man, wenn man sie ablegen soll.

»Maximen und Reflexionen«

Toren und gescheite Leute sind gleich unschädlich. Nur die Halbnarren und Halbweisen, das sind die gefährlichsten.

»Maximen und Reflexionen«

Man würde einander besser kennen, wenn sich nicht immer einer dem andern gleichstellen wollte.

»Maximen und Reflexionen«

Mancher klopft mit dem Hammer an der Wand herum und glaubt, er treffe jedesmal den Nagel auf den Kopf.

»Maximen und Reflexionen«

> Und was bleibt denn an dem Leben,
> Wenn es alles ging zu Funken,
> Wenn die Ehre mit dem Streben
> Alles ist im Quark versunken.
>
> »Zahme Xenien«

Was die Franzosen tournure nennen, ist eine zur Anmut gemilderte Anmaßung. Man sieht daraus, daß die Deutschen keine tournure haben können: ihre Anmaßung ist hart und herb, ihr Anmut mild und demütig; das eine schließt das andere aus und sind nicht zu verbinden.

»Maximen und Reflexionen«

>   Befindet sich einer heiter und gut,
>   Gleich will ihn der Nachbar pein'gen:
>   Solang der Tüchtige lebt und tut,
>   Möchten sie ihn gerne stein'gen.
>   Ist er hinterher aber tot,
>   Gleich sammeln sie große Spenden,
>   Zu Ehren seiner Lebensnot
>   Ein Denkmal zu vollenden;
>   Doch ihren Vorteil sollte dann
>   Die Menge wohl ermessen,
>   Gescheiter wär's, den guten Mann
>   Auf immerdar vergessen.

»West-östlicher Divan«

Die Menge kann tüchtige Menschen nicht entbehren, und die Tüchtigen sind ihnen jederzeit zur Last.

»Maximen und Reflexionen«

Ein Aber dabei

> Es wäre schön, was Guts zu kauen,
> Müßte man es nur nicht auch verdauen;
> Es wäre herrlich, genug zu trinken,
> Tät einem nur nicht Kopf und Knie sinken;

Hinüber zu schießen, das wären Possen,
Würde nur nicht wieder herüber geschossen;
Und jedes Mädchen wär gern bequem,
Wenn nur eine andre ins Kindbett käm.

»Parabolisch«

Und ich seh nicht, was es frommt,
Aus der Welt zu laufen,
Magst du, wenn's zum Schlimmsten kommt,
Auch einmal dich raufen.

»West-östlicher Divan«

Wer streiten will, muß sich hüten, bei dieser Gelegenheit Sachen zu sagen, die ihm niemand streitig macht.

»Maximen und Reflexionen«

»Mephisto scheint ganz nah zu sein!«
Es deucht mich fast, er spricht mit ein.
In manchen wunderlichen Stunden
Hat er sich selbst das Maul verbunden;
Doch blickt er über die Binde her,
Als wenn er ein doppelter Teufel wär.

»Zahme Xenien«

Wer das Falsche verteidigen will, hat alle Ursache, leise aufzutreten und sich zu einer feinen Lebensart zu bekennen. Wer das Recht auf seiner Seite fühlt, muß derb auftreten: ein höfliches Recht will gar nichts heißen.

»Maximen und Reflexionen«

Lügner, der rot wird, wenn er die Wahrheit sagt.

»Italienische Reise« (Paralipomenon)

Die Menschen, da sie zum Notwendigen nicht hinreichen, bemühen sich ums Unnütze.

»Maximen und Reflexionen«

> Drei Klassen von Narren:
> die Männer aus Hochmut,
> die Mädchen aus Liebe,
> die Frauen aus Eifersucht.

> Toll ist:
> wer Toren belehrt,
> Weisen widerredet,
> von hohlen Reden bewegt wird,
> Huren glaubt,
> Geheimnisse Unsichern vertraut.
>
> »Maximen und Reflexionen«

In der Nähe ists unangenehm, so einen Nagewurm zu haben, der, untätig einem immer vorjammert, was nicht ist, wie es sein sollte.

Tagebucheintrag vom 13. Mai 1780

Mit Narren leben wird dir gar nicht schwer,
Versammle nur ein Tollhaus um dich her.
Bedenke dann, das macht dich gleich gelind,
Daß Narrenwärter selbst auch Narren sind.

»Zahme Xenien«

Unsere Narrheiten bezahlen wir gar gerne selbst, zu unsern Tugenden sollen andere das Geld hergeben.

»Italienische Reise«, 12. April 1787

Durch nichts bezeichnen die Menschen mehr ihren Charakter, als durch das, was sie lächerlich finden.

»Maximen und Reflexionen«

Sie hassen mich alle, wie sie sind [...], und ich bin ihnen allen im Wege, aber ich will ihnen zum Trotz noch eine Weile fortleben und fortdichten. Ich hoffe noch einiges Gute hervorzubringen, und sie werden doch wenigstens leiden müssen, daß es da ist.

Zu Eckermann (Fragment)

Wenn die Jugend ein Fehler ist, so legt man ihn sehr bald ab.

»Maximen und Reflexionen«

Auch glaubt jeder in seiner Jugend, daß die Welt eigentlich erst mit ihm angefangen und daß alles eigentlich um seinetwillen da sei. Sodann hat es im Orient wirklich einen Mann gegeben, der jeden Morgen seine Leute um sich versammelte und sie nicht eher an die Arbeit gehen ließ, als bis er der Sonne geheißen aufzugehen. Aber hiebei war er so klug, diesen Befehl nicht eher auszusprechen, als bis die Sonne wirklich auf dem Punkt stand, von selber zu erscheinen.

Zu Eckermann am 6. Dezember 1829

Wer Gründe anhört, kommt in Gefahr nachzugeben.

»Die Vögel«

Hier sind die großen Lexika, die großen Krambuden der Literatur, wo jeder einzeln sein Bedürfnis pfennigweise nach dem Alphabet abholen kann!

»Die Vögel«

Er war so uneigennützig, daß er auch an die Bedürfnisse der andern nicht dachte.

»Italienische Reise« (Paralipomenon)

Widerspruch und Schmeichelei machen beide ein schlechtes Gespräch.

»Die Wahlverwandtschaften«

>   Ohne Wein kann's uns auf Erden
>   Nimmer wie dreihundert werden,
>   Ohne Wein und ohne Weiber
>   Hol der Teufel unsre Leiber!

Tagebucheintrag vom 15. Juni 1775

Annonce
»Ein Hündchen wird gesucht,
 Das weder murrt noch beißt,
 Zerbrochene Gläser frißt
 Und Diamanten [scheißt].«

»Zahme Xenien«

Gesteigerte Schmähungen

> Ein bißchen Ruf, ein wenig Ehre,
> Was macht es euch für Not und Pein!
> Und wenn ich auch nicht Goethe wäre,
> So möcht ich doch nicht ... sein.

»Zahme Xenien«

Gefährlich! Was gefährlich! Gefährlich sind solche Bestien, wie Ihr seid, die alles ringsum mit Fäulnis anstecken, die alles Schöne und Gute begeifern und bescheißen und dann der Welt glauben machen, es sei alles nicht besser als ihr eigener Kot.

Zu jemandem, der »Die Leiden des jungen Werther« ein gefährliches Buch nannte

> Freund, wer ein Lump ist, bleibt ein Lump,
> Zu Wagen, Pferd und Fuße;
> Drum glaub an keinen Lumpen je,
> An keines Lumpen Buße.

»Zahme Xenien«

[Werther über den allzeit bedachtsamen »Zwar-Aber«-Freund Albert:] Nun weißt du, daß ich den Menschen sehr liebhabe bis auf seine Zwar. Denn versteht sich's nicht von selbst, daß jeder allgemeine Satz Ausnahmen leidet. Aber so rechtfertig ist der Mensch, wenn er glaubt, etwas Übereiltes, Allgemeines, Halbwahres gesagt zu haben, so hört er dir nicht auf, zu limitieren, modifizieren und ab- und zuzutun, bis zuletzt gar nichts mehr an der Sache ist.

»Die Leiden des jungen Werther«

Ach ihr vernünftigen Leute! Leidenschaft! Trunkenheit! Wahnsinn! Ihr steht so gelassen da, ihr sittlichen Menschen, scheltet den Trunkenen, verabscheut den Unsinnigen, geht vorbei wie ein Priester und dankt Gott wie der Pharisäer, daß er euch nicht gemacht wie einen von diesen.

»Die Leiden des jungen Werther«

> Was? Ihr mißbilliget den kräft'gen Sturm
> Des Übermuts, verlogne Pfaffen!
> Hätt Allah mich bestimmt zum Wurm,
> So hätt er mich als Wurm geschaffen.

»West-östlicher Divan«

> Ich habe nie mit euch gestritten,
> Philisterpfaffen! Neiderbrut!
> Unartig seid ihr wie die Briten,
> Doch zahlt ihr lange nicht so gut.

»Zahme Xenien«

Fahre fort im Sündenleben,
Wirst den vier Winden noch Tritte geben.

»Zahme Xenien«

Nicht Augenblicke steh ich still
Bei so verstockten Sündern,
Und wer nicht mit mir schreiten will,
Soll meinen Schritt nicht hindern.

»Zahme Xenien«

Lieber Herre, da bin ich nun. in Leipzig, ist mir sonderlich geworden beym Nähern, davon mündlich mehr, und kann nicht genug sagen wie sich mein Erdgeruch und Erdgefühl gegen die schwarz, grau, steifröckigen, krumbeinigen, Perrückengeklebten, Degenschwänzlichen Magisters, gegen die Feyertags berockte, Allmodische, schlanckliche, vieldünckliche Studenten Buben, gegen die Zuckende, krinsende, schnäbelnde, und schwumelende Mägdlein, und gegen die Hurenhaffte, strozzliche, schwänzliche und finzliche Junge Mägde ausnimmt, welcher Greuel mir alle heut um die Thoren als an Marientags Tags Feste entgegnet sind.

Brief vom 25. März 1776

So traurig, daß in Kriegestagen
Zu Tode sich die Männer schlagen,
Im Frieden ist's dieselbe Not:
Die Weiber schlagen mit Zungen tot.

»West-östlicher Divan« (Paralipomenon)

Du Narr! begünstige die Pfuscherei,
So bist du überall zu Hause.

»Zahme Xenien«

Gegner glauben uns zu widerlegen, wenn sie ihre Meinung wiederholen und auf die unsrige nicht achten.

»Maximen und Reflexionen«

>»Sag mir doch, von deinen Gegnern
Warum willst du gar nichts wissen?«
Sag mir doch, ob du dahin trittst,
Wo man in den Weg [geschissen]?

»Zahme Xenien«

Deinen Vorteil zwar verstehst du,
Doch verstehst nicht aufzuräumen;
Haß und Widerwillen säst du,
Und dergleichen wird auch keimen.

»Zahme Xenien«

»Ein Schnippchen schlägst du doch im Sack,
Der du so ruhig scheinest;
So sag doch frank und frei dem Pack,
Wie du's mit ihnen meinest.«

Ich habe mir mit Müh und Fleiß
Gefunden, was ich suchte;
Was schiert es mich, ob jemand weiß,
Daß ich das Volk verfluchte.

»Zahme Xenien«

Gewissen Geistern muß man ihre Idiotismen lassen.

»Maximen und Reflexionen«

Es hat mit euch eine Beschaffenheit wie mit dem Meer, dem man unterschiedentliche Namen gibt, und es ist doch endlich alles gesalzen Wasser.

»Maximen und Reflexionen«

Wanderers Gemütsruhe

Übers Niederträchtige
Niemand sich beklage;
Denn es ist das Mächtige,
Was man dir auch sage.

In dem Schlechten waltet es
Sich zu Hochgewinne,
Und mit Rechtem schaltet es
Ganz nach seinem Sinne.

Wandrer! – Gegen solche Not
Wolltest du dich sträuben?
Wirbelwind und trocknen Kot,
Laß sie drehn und stäuben.

»West-östlicher Divan«

Schilt nicht den Schelmen, der eifrig bemüht,
Bald so, bald so sich zu wenden:
Wenn er den Teufel am Schwanze zieht,
Ihm bleibt ein Haar in den Händen.
Sosehr es auch widert, sosehr es auch stinkt –
Man kann es immer nicht wissen –
Es wird vielleicht, wenn es glückt und gelingt,
Für Moschus gelten müssen.

»Zahme Xenien«

> Jeder geht zum Theater heraus,
> Diesmal es war ein volles Haus;
> Er lobt und schilt, wie er's gefühlt,
> Er denkt, man habe für ihn gespielt.

»Zahme Xenien«

Es gibt Menschen, die gar nicht irren, weil sie sich nichts Vernünftiges vorsetzen.

»Maximen und Reflexionen«

Alle unmittelbare Aufforderung zum Ideellen ist bedenklich, besonders an die Weiblein. Wie es auch sei, umgibt sich der einzelne bedeutende Mann mit einem mehr oder weniger religios-moralisch-ästhetischen Serail.

»Maximen und Reflexionen«

Wenn ein paar Menschen recht miteinander zufrieden sind, kann man meistens versichert sein, daß sie sich irren.

»Italienische Reise« (Paralipomenon)

> Was fragst du viel: Wo will's hinaus,
> Wo oder wie kann's enden?
> Ich dächte, Freund, du bliebst zu Haus
> Und sprächst mit deinen Wänden.

»Sprichwörtlich«

Der Wolf im Schafpelze ist weniger gefährlich als das Schaf in irgendeinem Pelze, wo man es für mehr als einen Schöps nimmt.

»Maximen und Reflexionen«

Vom Verdienste fordert man Bescheidenheit; aber diejenigen, die unbescheiden das Verdienst schmälern, werden mit Behagen angehört.

»Maximen und Reflexionen«

Ich habe gefunden dass ich ein *braver* das heisst Gott und den Menschen gefälliger Politikus und Polizeymeister bin weil ich einen Nachttopf den ich vollpisste aus leerte da man sonst nur voll pisst und das ausleeren dem Nachfolger überlässt

»Späne«

Wenn die Affen es dahin bringen könnten, Langeweile zu haben, so könnten sie Menschen werden.

»Maximen und Reflexionen«

Das Fürchterlichste ist, wenn platte, unfähige Menschen zu Phantasten sich gesellen.

»Maximen und Reflexionen«

Und bring', da hast du meinen Danck,
Mich vor die Weiblein ohn' Gestanck.
Musst alle garst'gen Worte lindern,
Aus Scheiskerl Schurcken, aus Arsch mach Hintern

An den Intendanten Friedrich Wilhelm Gotter bei Übersendung des »Götz«

    Freunde helft mich zu befreyen
    Galle Gift und Koth zu speyen
    Ist mein Privilegium

    Possen Schweinereyen Zoten
    Alles das war mir geboten
    Saust mir um den Kopf herum

Aus den Fragmenten

Hans Arsch von Rippach – Matzfoz von Dresden – Tölpel von Passau – Reckärschgen und Schnuckfözgen, Nichten – Peter Sauschwanz – Schweinigel – Scheismaz – Lauszippel – Grindschiepel – Rotzlöffel und Gelbschnabel, Pagen – Schwanz Kammerdiener – Quirinus Schweinigel – Thoms Stinckloch – Blackscheiser – Schindluder – Saufaus – Sausack – Stinckwiz – Flöhot – Bieresel – Hosenscheiser und Leckarsch, Paten der Braut – Sprizbüchse – Lapparsch – Dr. Bonefurz – Fozzenhut – Dreckfinke – Saumagen – Kropfliesgen – Piphan – Schnudelbutz – Farzpeter – Schlingschlangschlodi – Heularsch – Schwager Mistbeet – Schindknochen – Hans Schiss – Lausewenzel – Nonnenfürzgen – SchweinPelz – Wurstfresser aus dem Scheishaus – Galloch Schalloch – Hengst Mensch von einer Prinzess – etc.

Kleine Auswahl aus dem Personalzettel von »Hanswursts Hochzeit«

Sonst wenn ich von einem grosen Geiste hörte, so gab meine Einbildungskrafft dem Mann eine Stärcke, eine hohe Vorstellungsart, und übrige Apertinenzien, und nun wie ich sie kennen lerne die Herrn, ists mit ihnen nicht besser, als einem eingeschränkten Mädgen deren Seele überall anstöst, und deren Eitelkeit mit einem Winckgen zu beleidigen ist.

Brief, Mitte Juni 1774

KLEINES PERSONENALPHABET

ACHIM VON ARNIM

So muß ich mich z. B. zurückhalten, gegen Achim von Arnim, der mir seine Gräfin Dolores zuschickte und den ich recht lieb habe, nicht grob zu werden. Wenn ich einen verlorenen Sohn hätte, so wollte ich lieber, er hätte sich von den Bordellen bis zum Schweinkoben verirrt, als daß er in den Narrenwust dieser letzten Tage sich verfinge: denn ich fürchte sehr, aus dieser Hölle ist keine Erlösung.

Brief vom 7. Oktober 1810

Er ist wie ein Faß, wo der Böttcher vergessen hat, die Reifen festzuschlagen, da läuft's denn auf allen Seiten heraus.

Zu Ehepaar Varnhagen von Ense am 8. Juli 1827

BETTINA VON ARNIM

Die Arnim ist übrigens jetzt selten mehr redlich, sondern erzschelmisch. Was sie in früheren Jahren sehr gut gekleidet, die halb Mignon- halb Gurli-Maske, nimmt sie jetzt nur als Gaukelei vor, um ihre List und Schelmerei zu verbergen.

Brief vom 26. Januar 1825

Diese leidige Bremse ist mir als Erbstück von Meiner guten Mutter schon viele Jahre sehr unbequem. Sie wiederholt das selbe Spiel das ihr in der Jugend allenfalls kleidete wieder, spricht von Nachtigallen und zwitschert wie ein Zeisig. Befehlen E[ure] H[oheit] So verbiet ich ihr in allem Ernst Onkelhaft jede weitere Behelligung.

Briefkonzept vom 13. September 1826

KARL AUGUST BÖTTIGER*

Welch ein verehrendes Gedränge
Schließt den verfluchten Bött'ger ein?
Natürlich! Jeder aus der Menge
Wünscht sehnlich, so ein Mann zu sein.
Er sah fürwahr die Welt genau;
Doch schaut' er sie aus seinen Augen:
Deswegen konnte Mann und Frau
Auch nicht das Allermind'ste taugen.
Daß er aus Bosheit schaden mag,
Das ist ihm wohl erlaubt;
Doch fluch ich, daß er Tag für Tag
Auch noch zu nützen glaubt.

»Invektiven«

[Goethe nach einem Morgenspaziergang in Karlsbad:] Man stößt in der Welt doch immer und allenthalben auf unsaubere Geister, da habe ich von fern einen Mann vorbeirutschen gesehen, der Kerl hat mich ordentlich erschreckt; ich glaubte den leibhaftigen Böttiger erblickt

* Vielbeschäftigter Journalist und Herausgeber, dem Klatsch nicht abgeneigter Chronist der Weimarer Gesellschaft (»Literarische Zustände und Zeitgenossen«, Neuausgabe Aufbau-Verlag 1998).

zu haben. [Und als ihm bestätigt wird, daß dieser tatsächlich auch am Orte sei:] Gottlob! Gottlob! Daß Gott nicht ein zweites solches Arschgesicht geschaffen hat.

CLEMENS BRENTANO

Zuletzt warf er sich in die Frömmigkeit, wie denn überhaupt die von Natur Verschnittenen nachher gern überfromm werden, wenn sie endlich eingesehen haben, daß sie anderswo zu kurz kamen […]

Nach den Erinnerungen Karl von Holteis, 1827

FRIEDRICH CREUZER UND CARL JOHANN LUDWIG SCHORN*

Müde bin ich des Widersprechens,
Des ewigen Lanzenbrechens,
Muß doch das Feld am Ende räumen.
Muse, besänftige deinen Zorn! –
Laß mich den Traum des Lebens träumen,
Nur nicht mit Creuzer und Schorn!

»Invektiven«

JOHANN WILHELM LUDWIG GLEIM

Hätte er so viel Talent gehabt als Charakter, so würden ihn seine Werke zum ersten Range in der Dichterwelt erheben.

Brief vom 10. Dezember 1810

* Zwei Kunsthistoriker, die Goethe durch ihre abweichende Auffassung des Symbolischen in der Homerischen Götter- und Fabelwelt zunehmend gereizt hatten.

In's Teufels Namen,
Was sind denn eure Namen!
Im »Teutschen Merkur«
Ist keine Spur
Von Vater Wieland,
Der steht auf dem blauen Einband;
Und unter dem verfluchtesten Reim
Der Name Gleim.

»Invektiven«

JOHANN CHRISTOPH GOTTSCHED

Du weißt doch er hat eine Frau. Er hat wieder geheurathet, der alte Bock! Ganz Leipzig verachtet ihn. Niemand geht mit ihm um.

Brief vom 6. November 1765

FRIEDRICH HEINRICH JACOBI*

Der gute Fritz ist glücklicher andrer Leute Meynungen als seine eigne anschaulich zu machen. Die Stellen wo er seinen *Salto mortale* produzirt sind nichts weniger als einleuchtend, und die erste die ich angestrichen habe mir ganz undeutlich und schwanckend.

Brief vom Mai 1785

---

* Schriftsteller und Philosoph im Gefolge des Sturm und Drang; mit Goethe verband ihn eine Freundschaft, die nicht ohne Spannungen blieb.

Johann Georg Jacobi*

Man wundert sich, daß ein Autor, den, wie er selbst von sich prädiziert, ein sanftes, empfindliches, wohltätiges Herz mehr als alles beglückt, der in einem elysischen Kreise lebt und geliebt wird, daß sich der so ängstlich bekümmert, ob die, so *draußen* sind, ihn lieben oder hassen; daß er, der seine Lieder selbst als *Spielwerk* charakterisiert, um den Beifall einer Nation geizen mag; gewiß ist es sonderbar, daß Herr *Jacobi*, bei seinem feinen Gefühl, den Hauptzug des Charakters seiner großen französischen Vorfahren, den Zug, der ihren Produktionen den eigentlichen Wert gab, nicht erkannt zu haben scheint, weil er sich keineswegs von dieser Seite nach ihnen bildet. Die *ersten* unter ihnen rezitierten ihre Sachen nur bei Gelagen, in muntern Kreisen, erlaubten kaum und selten eine Abschrift, und so bewahrten sie ihre niedlichen Kleinigkeiten vor dem tötenden Titel »Werke« und sich vor der steifen freudenwidrigen Ehre, als *Autoren* begafft zu werden.

Aus der Rezension des zweiten Teils der »Sämtlichen Werke«

Johann Georg Jacobi[?]

Solls einen nicht verdriessen dass so ein Schmetterling die Empfindungen und Gedancken woran unser einer den Arsch wischt, unter Schreibpapier und Vignetten klang dem Publikum vormarckschreiert, das denn immer nach dem Dreck Pillen Amüsement greifft, weils an der ennuyeusen Verstopfung des ganzen Ichs laborirt.

»Späne«

* Bruder Friedrich Heinrichs, seiner anakreontisch tändelnden Lyrik wegen von den Stürmern und Drängern kräftig verspottet.

CHRISTOPH KAUFMANN*

Als Gottes Spürhund hat er frei
Manch Schelmenstück getrieben,
Die Gottesspur ist nun vorbei,
Der Hund ist ihm geblieben.

»Invektiven«

FRIEDRICH GOTTLIEB KLOPSTOCK

Klopstock, der ist mein Mann, der in neue Phrasen
    gestoßen,
Was er im höllischen Pfuhl Hohes und Großes vernahm.

»Xenien«

KOTZEBUE

K[otzebue] und B[öttiger] hatten den großen Beifall, weil jeder Lumpenhund wünschte, ein solches Talent zu haben, um ungestraft, ja mit Beifall Kanaille sein zu dürfen wie sie.

»Späne«

KARL FRIEDRICH KRETSCHMANN**

Ich denke so vom Rhingulff wie von allen Gesängen dieser Art. Gott sey Danck, dass wir Friede haben, zu was das Kriegsgeschrey. Ja wenns eine Dichtungsart

---

* Betriebsamer Freund Lavaters, umherziehender Wanderapostel, von Maler Müller bewundernd »Gottes Spürhund« genannt.

** Mit Liedern im Stil der alten Barden (»Der Gesang Rhingulph's«, 1768; »An Sinead, den Druiden der Harfe«, 1769) versuchte Kretschmann an die damals besonders durch Klopstock beeinflußte Begeisterung für altgermanische Dichtungen anzuknüpfen.

wäre, wo viel Reichthum an Bildern, Sentiments oder sonst was läge. Ey gut da fischt immer! Aber nichts, als ein ewig Gedonnere der Schlacht, die Glut die im Muth aus den Augen blitzt, der goldne Huf mit Blut bespritzt, der Helm mit dem Federbusch, der Speer, ein paar Duzend ungeheure Hyperbeln, ein ewiges Ha! Ah! wenn der Vers nicht voll werden will, und wenns lang währt, die Monotonie des Sylbenmaases, das ist zusammen nicht auszustehen. Gleim, und Weisse und Gessner in Einem Liedgen, und was drüber ist hat man satt. Es ist ein Ding das gar nicht interessirt, ein Gewäsche das nichts taugt als die Zeit zu verderben.

Brief vom 13. Februar 1769

Von [Kotzebue?] tu ich euch offen und kund:
Derselbe hat gar einen stinkenden Mund,
Auch, spräch er verständige Worte, die süßen,
Wir würden doch alle die Nase verschließen;
Im Schauspiel von ferne man sieht es mit an,
Und stinkt's, so hat das Parterr es getan.

»Invektiven«

Juliane von Krüdener*

Junge Huren, alte Nonnen
Hatten sonst schon viel gewonnen,
Wenn, von Pfaffen wohlberaten,
Sie im Kloster Wunder taten.

* Wandte sich nach einem ausschweifenden Leben den Herrnhutern, später dem Swedenborgschen Mystizismus zu; Autorin religiöser Flugschriften.

> Jetzt geht's über Land und Leute
> Durch Europens edle Weite!
> Hofgemäße Löwen schranzen,
> Affen, Hund' und Bären tanzen –
> Neue leid'ge Zauberflöten –
> Hurenpack, zuletzt Propheten!

»Invektiven«

L.
Der Obrist L. flucht und fährt einen an dass man meint es sollt einem die Butter vom Brodt fallen

»Späne«

JOHANN KASPAR LAVATER

Wenn ich die zu Superlativen zugestuzte Feder des großen Lavaters und sein phosphorescirendes Dintenfaß hätte […]

Brief ohne Datum an Johann Gottfried und Caroline Herder

JOHANN KASPAR FRIEDRICH MANSO*

Manso über die Verleumdung der Wissenschaften
Wer verleumdet sie denn? Wer so elend wie du sie
    verteidigt.
    Wahrlich, der Advokat ist des Beschuldigers wert.

»Xenien«

---

* Schriftstellernder Gymnasiallehrer in Breslau; veröffentlichte 1796 eine gereimte Kulturgeschichte »Über die Verleumdung der Wissenschaften«.

Wolfgang Menzel* und Garlieb Merkel

Verwandte sind sie von Natur,
Der Frischling und das Ferkel;
So ist Herr Menzel endlich nur
Ein potenzierter Merkel.

»Invektiven«

Adolf Müllner**

Wir litten schon durch Kotzebue
Gemeines Räsonieren;
Nun kommt Herr Müllner auch dazu,
Das Oberwort zu führen;
Im Dichten rasch, im Lobe faul,
Ist er mit nichts zufrieden:
Der Edle mault nur, um das Maul
Den andern zu verbieten.

»Invektiven«

---

* Seit 1825 Redakteur des »Literaturblattes«, in dem er Goethe einen Vertreter »nationaler Entartung, politischer Schwäche und Schande, eines schadenfrohen Unglaubens, einer tiefen Demoralisation und ästhetischer Genußsucht […] und einer ängstlichen Pflege des Egoismus« nannte.
** Vorgänger von Wolfgang Menzel in der Redaktion des »Literaturblattes«, Autor populärer Schicksalsdramen (»Der neunundzwanzigste Februar«, 1812; »Die Schuld«, 1816).

NICOLAI*

Ein junger Mensch, ich weiß nicht wie,
Starb einst an der Hypochondrie
Und ward denn auch begraben.
Da kam ein schöner Geist herbei,
Der hatte seinen Stuhlgang frei,
Wie's denn so Leute haben.
Der setzt' notdürftig sich aufs Grab
Und legte da sein Häuflein ab,
Beschaute freundlich seinen Dreck,
Ging wohl eratmet wieder weg
Und sprach zu sich bedächtiglich:
»Der gute Mensch, wie hat er sich verdorben!
Hätt er geschissen so wie ich,
Er wäre nicht gestorben!«

»Invektiven«

Das Kennzeichen

Was den konfusen Kopf so ganz besonders bezeichnet,
  Ist, daß er alles verfolgt, was zur *Gestalt* sich erhebt.

»Xenien«

Keine Rettung

Lobt ihn, er schmiert ein Buch, euch zu loben; verfolgt ihn, er schmiert eins,
  Euch zu schelten; er schmiert, was ihr auch treibet, ein Buch.

»Xenien«

---

* Goethes erklärter Intimfeind seit den Tagen des »Werther«, den der vielseitige Verleger und Autor mit den »Freuden des jungen Werthers« (1775) beantwortet hatte.

Nicolai auf Reisen
Schreiben wollt er und leer war der Kopf, da besah er sich
 Deutschland;
 Leer kam der Kopf zurück, aber das Buch war gefüllt.

»Xenien«

J. F. W. Pustkuchen*

»Was will von Quedlingburg heraus
ein zweiter Wanderer traben!« –
Hat doch der Walfisch seine Laus,
Muß ich auch meine haben.

»Invektiven«

August Wilhelm von Schlegel

Seine Kritik ist durchaus einseitig, indem er fast bei allen Theaterstücken bloß das Skelett der Fabel und Anordnung vor Augen hat und immer nur kleine Ähnlichkeiten mit großen Vorgängern nachweiset, ohne sich im mindesten darum zu bekümmern, was der Autor uns von anmutigem Leben und Bildung einer hohen Seele entgegenbringt. […] In der Art und Weise, wie Schlegel das französische Theater behandelt, finde ich das Rezept zu einem schlechten Rezensenten, dem jedes Organ für die Verehrung des Vortrefflichen mangelt und der über eine tüchtige Natur und einen großen Charakter hingeht, als wäre es Spreu und Stoppel.

Zu Eckermann am 28. März 1827

 * Orthodox-protestantischer Pfarrer, der im selben Jahr, als »Wilhelm Meisters Wanderjahre« erschienen, unter demselben Titel eine Generalabrechnung mit Goethes Gesamtwerk herausbrachte.

Friedrich von Schlegel

[…] so erstickte doch Friedrich Schlegel am Wiederkäuen sittlicher und religiöser Absurditäten, die er auf seinem unbehaglichen Lebensgange gern mitgetheilt und ausgebreitet hätte; deshalb er sich in den Katholicismus flüchtete […]

Brief vom 20. Oktober 1831

K. C. L. Schöne*

Herr Schöne hatte mir sein Manuscript geschickt, ich sah nur hie und da hinein; es ist wunderlich, daß ein sinniger Mensch das für Fortsetzung halten kann, was nur Wiederholung ist; das Hauptunglück aber bleibt, daß sie haben in Prosa und in Versen schreiben lernen, und damit, meinen sie, wäre es gethan.

Brief vom 14. Dezember 1822

> Dem Dummen wird die Ilias zur Fibel;
> Wie uns vor solchem Leser graust!
> Er liest so ohngefähr die Bibel
> Als wie Herr *Schöne* meinen »Faust«.

»Invektiven«

---

* Stralsunder Arzt, der 1809 ein »Faust«-Drama veröffentlicht und Goethe 1821 eine Fortsetzung zugeschickt hatte.

Johann Gotlieb Schummel*

Alles hat er dem guten *Yorick* geraubt, Speer, Helm und Lanze. Nur schade! inwendig steckt der Herr Präzeptor S. zu Magdeburg. Wir hofften noch immer von ihm, er würde den zweiten Ritt nicht wagen; allein eine freundschaftliche Stimme von den Ufern der Elbe, wie er sie nennt, hat ihm gesagt, er soll schwatzen. […] Es ist alles *unter* der Kritik, und wir würden diese Makulaturbogen nur mit zwei Worten angezeigt haben, wenn es nicht Leute gäbe, die in ihren zarten Gewissen glauben, man müsse ein solches junges Genie nicht ersticken. […] Endlich bekommt der Verfasser S. 73 *ein ganzes Bataillon Kopfschmerzen*, weil er was erfinden soll; und wir und unsre Leser klagen schon lange darüber. [Und als Goethe eine Besprechung über Teil 3 findet:] Wir danken dem Rezensenten aufrichtig für die neuere Versicherung, daß dieses dritter und letzter Teil bleiben soll.

Aus einer Rezension in den »Frankfurter Gelehrten Anzeigen«

Otto Joachim Moritz von Wedel**

Man kann einen nicht mehr fürn Narren halten als wenn man ihn behandelt wie er behandelt seyn will.

»Späne«

---

* Humorvoll-sentimentaler Roman- und Lustspielautor, Verfasser der »Sentimentalen Reisen durch Deutschland«, Teil 1–3 (1771/72).
** Weimarer Kammerherr und Oberforstmeister.

GIFTIGE GASTGESCHENKE

Aus den »Xenien«

Gewissen Lesern
Viele Bücher genießt ihr, die ungesalzen; verzeihet,
  Daß dies Büchelchen uns überzusalzen beliebt.

Die neuesten Geschmacksrichter
Dichter, ihr armen, was müßt ihr nicht alles hören,
    damit nur
  Sein Exerzitium schnell lese gedruckt der Student!

Kant und seine Ausleger
Wie doch ein einziger Reicher so viele Bettler in Nahrung
  Setzt! Wenn die Könige baun, haben die Kärrner zu
    tun.

Die borniertn Köpfe
Etwas nützet ihr doch: die Vernunft vergißt des
    Verstandes
  Schranken so gern, und *die* stellet ihr redlich uns dar.

Der Sprachforscher
Anatomieren magst du die Sprache, doch nur ihr
    Kadaver;
  Geist und Leben entschlüpft flüchtig dem groben
    Skalpell.

Gesellschaft von Sprachfreunden
O wie schätz ich euch hoch! Ihr bürstet sorglich die Kleider
  Unsrer Autoren, und wem fliegt nicht ein Federchen an?

Schriften für Damen und Kinder
»Bibliothek für das andre Geschlecht, nebst Fabeln für Kinder.«
  Also für Kinder nicht, nicht für das andre Geschlecht.

An ***
Nein! Du erbittest mich nicht. Du hörtest dich gerne verspottet,
  Hörtest du dich nur genannt; darum verschon ich dich, Freund.

Der Wichtige
Seine Meinung sagt er von seinem Jahrhundert, er sagt sie,
  Nochmals sagt er sie laut, hat sie gesagt und geht ab.

Formalphilosophie
Allen Formen macht er den Krieg; er weiß wohl, zeitlebens
  Hat er mit Müh und Not Stoff nur zusammengeschleppt.

Kritische Studien
Schneidet, schneidet, ihr Herrn, durch Schneiden lernet der Schüler;
  Aber wehe dem Frosch, der euch den Schenkel muß leihn!

Currus virum miratur inanes
[Staunend erblickt man die leeren Wagen]
Wie sie knallen, die Peitschen! Hilf Himmel! Journale! Kalender!
  Wagen an Wagen! Wie viel Staub und wie wenig Gepäck!

Gelehrte Zeitungen
Wie die Nummern des Lotto, so zieht man hier die Autoren,
  Wie sie kommen, nur daß niemand dabei was gewinnt.

Geständnis
Rede leiser, mein Freund! Zwar hab ich die Narren gezüchtigt,
  Aber mit vielem Geschwätz oft auch die Klugen geplagt.

Die Sicherheit
Nur das feurige Roß, das mutige, stürzt auf der Rennbahn,
  Mit bedächtigem Paß schreitet der Esel daher.

Was du mit Beißen verdorben, das bringst du mit Schmeicheln ins gleiche;
  Recht so, auf hündische Art zahlst du die hündische Schuld.

Doppelter Irrtum
Nimmst du die Menschen für schlecht, du kannst dich verrechnen, o Weltmann;
  Schwärmer, wie bist du getäuscht, nimmst du die Menschen für gut.

Die neue Entdeckung
Ernsthaft beweisen sie dir, du dürftest nicht stehlen,
    nicht lügen.
  Welcher Lügner und Dieb zweifelte jemals daran?

Sorgend bewacht der Verstand des Wissens dürftigen
    Vorrat,
  Nur zu erhalten ist er, nicht zu erobern geschickt.

Die Foderungen
Jener will uns natürlich, der ideal; wir versuchen
  Unser möglichstes doch, keines von beiden zu sein.

Der Vorsichtige
Noch halt ich mein Urteil zurück, das ist das bequemste;
  Löst sich das Rätsel einmal, bin ich wie alle gescheit.

An die Menge
»Was für ein Dünkel! Du wagst, was wir alle loben, zu
    schelten?«
  Ja, weil ihr alle, vereint, auch noch kein Einziger seid.

Auswahl
Streiche jeder ein Distichon weg, das ihm etwa mißfiele,
  Und wir wetten, es blieb' keins von fünfhunderten
    stehn.

»Des Bettes
lieblich knarrender Ton«

Das Schreien

Jüngst schlich ich meinem Mädchen nach,
Und ohne Hindernis
Umfaßt ich sie im Hain; sie sprach:
»Laß mich, ich schrei gewiß!«
Da droht ich trotzig: »Ha, ich will
Den töten, der uns stört.«
»Still«, winkt sie lispelnd, »Liebster, still,
Damit dich niemand hört.«

»Neue Lieder«

Ein braver Mann! ich kenn ihn ganz genau:
Erst prügelt er, dann kämmt er seine Frau.

»Sprichwörtlich«

Glaube mir gar und ganz,
Mädchen, laß deine Bein' in Ruh!
Es gehört mehr zum Tanz
Als rote Schuh'.

»Sprichwörtlich«

Viele Kinder, und schöne, werden gezeugt,
Weil sich auch Garstig zu Garstig neigt.

Hier schadet keineswegs das Gesicht:
Denn mit dem Gesichte zeugt man nicht.

»Zahme Xenien«

>   Der Teufel! sie ist nicht gering,
>   Wie ich von weitem spüre;
>   Nun schelten sie das arme Ding,
>   Daß sie euch so verführe.
>   Erinnert euch, verfluchtes Pack,
>   Des paradiesischen Falles!
>   Hat euch die Schöne nur im Sack,
>   So gilt sie euch für alles.

»Zahme Xenien«

Ein Mädchen, das zu mehrern Liebhabern, die es unter sich gebracht hat, noch einen frischen gewinnt, gleicht der Flamme, wenn auf bald verzehrte Brände ein neu Stück Holz gelegt wird. Geschäftig schmeichelt sie dem ankommenden Liebling, leckt sich an ihm betulich hinauf, rings an ihn herum, daß er in vollem, herrlichem Glanz leuchtet; ihre Gierigkeit scheint nur an ihm hinzuspielen, aber mit jedem Zuge faßt sie tiefer und zehrt ihm das Mark bis ins Innerste aus. Bald wird er wie seine verlaßne Nebenbuhler am Grunde liegen und in angeschmauchter Trauer, in sich glühend, verglimmen.

»Wilhelm Meisters theatralische Sendung«

> »Sie betrog dich geraume Zeit,
>   Nun siehst du wohl, sie war ein Schein.«

Was weißt du denn von Wirklichkeit;
War sie drum weniger mein?

»Zahme Xenien«

Wenn's was zu naschen gibt, sind alle flugs beim
    Schmause;
Doch macht ein Mädchen Ernst, so ist kein Mensch zu
    Hause.

»Die Mitschuldigen«

Glückliche Jugend! glückliche Zeiten des ersten Liebebedürfnisses! Der Mensch ist dann wie ein Kind, das sich am Echo stundenlang ergötzt, die Unkosten des Gesprächs allein trägt und mit der Unterhaltung wohl zufrieden ist, wenn der unsichtbare Gegenmann auch nur die letzten Silben seiner eignen Worte wiederholt.

»Wilhelm Meisters theatralische Sendung«

Frauen sind unüberwindlich: erst verständig, daß man nicht widersprechen kann, liebevoll, daß man sich gern hingibt, gefühlvoll, daß man ihnen nicht weh tun mag, ahnungsvoll, daß man erschrickt.

»Die Wahlverwandtschaften«

Wer die Weiber haßt, ist im Grunde galanter gegen sie, als wer sie liebt; denn jener hält sie für unüberwindlich, dieser hofft noch mit ihnen fertig zu werden.

Zu Riemer am 6. September 1810

Januar, Februar, März
Du bist mein liebes Herz;
Mai, Juni, Juli, August –
Mir ist nichts mehr bewußt.

»Sprichwörtlich«

Noch so eine Nacht, wie diese, Behrisch, und ich komme für alle meine Sünden nicht in die Hölle. Du magst ruhig geschlafen haben, aber ein eifersüchtiger Liebhaber, der ebensoviel Champagner getruncken hatte, als er brauchte um sein Blut in eine angenehme Hitze zu setzen und seine Einbildungskraft aufs äuserste zu entzünden! Erst konnt ich nicht schlafen, wälzte mich im Bette, sprang auf, raßte [...] Ich riß mein Bett durch einander, verzehrte ein Stückgen Schnupftuch und schlief biß 8 auf den Trümmern meines Bettpallastes. Das hieß recht wie bey einer Henckermahlzeit, der Teufel geseegne es euch.

Brief vom 13. Oktober 1767

Die Verhältnisse mit Frauen allein können doch das Leben nicht ausfüllen und führen zu gar vielen Verwicklungen, Qualen und Leiden, die uns aufreiben, oder zur vollkommenen Leere.

Zu Sulpiz Boisserée am 3. Oktober 185

Mir ist das liebe Wertherische Blut
Immer zu einem Probierhengst gut.
Den lass ich mit meinem Weib spazieren,
Vor ihren Augen sich abbranliren,*

* (französ.) sich nutzlos erregen

64

Und hinten drein komm ich bey Nacht
Und vögle sie dass alles kracht.
Sie schwaumelt oben in höhern Sphären,
Lässt sich unten mit Marcks der Erde nähren.
Das giebt Jungens Leibseelig brav
Allein macht ich wohl ein Schweinisch Schaf.

»Hanswursts Hochzeit«

Die ihrem Mann allein gewährt vergnügte Stunden,
Ich gehe noch herum! ich hab sie nicht gefunden.

»Zahme Xenien«

Alle Weiber sind Ware; mehr oder weniger kostet
   Sie den begierigen Mann, der sich zum Handeln
   entschließt.
Glücklich ist die Beständige, die den Beständigen
   findet,
   Einmal nur sich verkauft und auch nur einmal gekauft
   wird.

»Epigrammatisch«

Was gibst du dir mit Lieb und Ehre
Und andern Dingen so viele Pein!
Wenn ein tüchtiger S[chwanz] nur wäre,
Die Weiber würden sämtlich zufrieden sein.

»Zahme Xenien«

Und doch kann dich nichts vernichten,
Wenn, Vergänglichem zum Trotze,

Willst dein Sehnen ewig richten
Erst zur Flasche, dann zur [Fotze].

»Zahme Xenien«

Sauschwanzens Rosskäferheit Schweinigel ein Zoten-
reisser Mutter
ich mögt ein Ding haben Ein Ding mit nem Polni-
schen Bock.

»Späne«

Seid mir willkommen, süße Buhlerinnen,
Denn ihr allein verschönt uns doch die Welt;
Ihr lasset uns im Augenblick gewinnen,
Was Prüderie uns jahrelang verhält.
Was sie nicht fühlt, sie weiß es zu ersinnen,
Wie selbstgefällig froh sie sich verstellt;
Von Eva her geschaffen zum Betrügen,
Sie kleidet nichts so gut, als wenn sie lügen.

»Invektiven«

Unter vier Augen
Viele rühmen, sie habe Verstand; ich glaub's: für den
 einen,
 Den sie jedesmal liebt, hat sie auch wirklich Verstand.

»Xenien«

Das Schönste an Kindern ist doch die Nacht,
Da wir sie der lieben Frau gemacht.

Aus dem Nachlaß

Einem bejahrten Manne verdachte man, daß er sich noch um junge Frauenzimmer bemühte. »Es ist das einzige Mittel«, versetzte er, »sich zu verjüngen, und das will doch jedermann.«

»Die Wahlverwandtschaften«

In der Komödie sehen wir eine Heirat als das letzte Ziel eines durch die Hindernisse mehrerer Akte verschobenen Wunsches, und im Augenblick, da es erreicht ist, fällt der Vorhang, und die momentane Befriedigung klingt bei uns nach. In der Welt ist es anders; da wird hinten immer fortgespielt, und wenn der Vorhang wieder aufgeht, mag man gar nichts weiter davon sehen noch hören.

»Die Wahlverwandtschaften«

Einer von meinen Freunden, dessen gute Laune sich meist in Vorschlägen zu neuen Gesetzen hervortat, behauptete: eine jede Ehe solle nur auf fünf Jahre geschlossen werden. Es sei, sagte er, dies eine schöne, ungrade, heilige Zahl und ein solcher Zeitraum eben hinreichend, um sich kennenzulernen, einige Kinder heranzubringen, sich zu entzweien und, was das Schönste sei, sich wieder zu versöhnen. Gewöhnlich rief er aus: »Wie glücklich würde die erste Zeit verstreichen! Zwei, drei Jahre wenigstens gingen vergnüglich hin. Dann würde doch wohl dem einen Teil daran gelegen sein, das Verhältnis länger dauern zu sehen, die Gefälligkeit würde wachsen, je mehr man sich dem Termin der Aufkündigung näherte. Der gleichgültige, ja selbst der unzufriedene Teil würde durch ein solches Betragen begütigt und eingenommen. Man vergäße, wie man in guter Gesellschaft die Stunden vergißt, daß die Zeit verfließe, und fände sich aufs angenehmste überrascht, wenn man nach verlaufenem Termin erst bemerkte, daß er schon stillschweigend verlängert sei.«

»Die Wahlverwandtschaften«

Gute Nacht an Annetten, da sie heuratete

Wenn man zwanzig Freier zählet,
Keinen liebt und alle quälet,
Alle liebt und keinen wählet,
Das ist eine stolze Lust
Für so eines Mädchens Brust.
Wenn so zwanzig bettlend stehn,
O wie lebt sich's da so schön!
Ist wohl eine Wollust größer?
Doch im Ehstand sitzt man besser.

Zwar mit Freuden und mit Scherzen
In zwei kopulierten Herzen
Ist's wie mit den Hochzeitskerzen.
Glänzend leuchten sie im Saal
Und verherrlichen das Mahl,
Aber so nach zehen Uhr
Bleiben kleine Stümpfchen nur;
Damit leuchte dir zu Bette!
Gute Nacht! Schlaf wohl, Annette!

»Vermischte Gedichte«

Er will sich in ruh sezzen und verheurathet sich. Ha Ha Ha!

»Späne«

> Onckel und diri bleiben
> Werden ich dumsi da
> Also nit weiter treiben
> Mochten im samsi da
>
> »Späne«
>
> Ursel mit dem kalten Loch
> Klingelt's nicht so klapperts doch
>
> »Hanswursts Hochzeit«

Ihr guten Mädgen, wir sind klüger als ihr denckt, wir leben hier in der angenehmsten Freiheit, und müsten Tohren seyn wenn wir uns euch unterwürfen, denn es ist keine Sclaverey beschwerlicher als euch zu dienen.

Brief vom 11. Mai 1767

Sie ist abscheulich erber*, *erber* im eigentlichen Verstande. Kein nackend Hälsgen mehr, nicht mehr ohne Schnürbrust, daß es mir ordentlich lächerlich tuht. Sie ist manchmal Sontags alleine zu Hause. Vierzehn Tage Vorbereitung und so ein Sontag sollten die Erberkeit von dem Schlosse wegjagen, und wenn zehen solche Injenieurs zehen solche Halbejahre an der Befestigung gearbeitet hätten.

Brief vom 7. November 1767

* ehrbar

Was ich erfahren habe, das weiss ich; und halte die Erfahrung für die einzige ächte Wissenschaft. Ich versichre Sie, die Paar Jahre als ich lebe, habe ich von unserm Geschlecht eine sehr mittelmässige Idee gekriegt; und wahrhafftig keine bessre von Ihrem.

Brief vom 8. April 1769

Er ist so zärtlich, so empfindsam für seine abwesende Uranie, dass es komisch wird. Er glaubt im Ernste was Ihr Brief ihm versichert dass Constantie bleich für Kummer geworden wäre. Wenns auf's bleich werden ankommt, so sollte man dencken er liebte nicht starck denn er hat röthere Backen als iemals.

Brief vom 1. Juni 1769

> Behandelt die Frauen mit Nachsicht!
> Aus krummer Rippe ward sie erschaffen,
> Gott konnte sie nicht ganz grade machen.
> Willst du sie biegen, sie bricht;
> Läßt du sie ruhig, sie wird noch krümmer;
> Du guter Adam, was ist denn schlimmer? –
> Behandelt die Frauen mit Nachsicht:
> Es ist nicht gut, daß euch eine Rippe bricht.

»West-östlicher Divan«

Denn meine liebe Freundinn ob Sie mich gleich Ihren lieben Freund und manchmal Ihren besten Freund nennen, so ist doch um den besten Freund immer ein langweilig Ding. Kein Mensch mag eingemachte Bohnen solang man frische haben kann. Frische Hechte sind immer die besten, aber wenn man fürchtet dass sie gar verderben mögen, so salzt man sie ein, besonders wenn man sie verführen will. Es muss Ihnen doch komisch vorkommmen wenn Sie an all die Liebhaber dencken, die sie mit Freundschaft eingesalzen haben, grose und kleine, krumme und grade, ich muß selbst lachen wenn ich dran dencke. Doch Sie müssen die Correspondenz mit mir nicht ganz abbrechen, für einen Pöckling binn ich doch immer noch artig genug.

Brief vom 1. Juni 1769

> Der Mutter schenk ich,
> Die Tochter denk ich.

»Sprichwörtlich«

> Besonders lernt die Weiber führen;
> Es ist ihr ewig Weh und Ach
> So tausendfach
> Aus *einem* Punkte zu kurieren,
> Und wenn Ihr halbweg ehrbar tut,
> Dann habt Ihr sie all' unterm Hut.
> Ein Titel muß sie erst vertraulich machen,
> Daß Eure Kunst viel Künste übersteigt;
> Zum Willkomm tappt Ihr dann nach allen
>   Siebensachen,
> Um die ein andrer viele Jahre streicht,
> Versteht das Pülslein wohl zu drücken,
> Und fasset sie, mit feurig schlauen Blicken,
> Wohl um die schlanke Hüfte frei,
> Zu sehn, wie fest geschnürt sie sei.

»Faust, 1. Teil«

Eine junge Schönheit der weimarischen Gesellschaft kam zur Erwähnung, wobei einer der Anwesenden bemerkte, daß er fast auf dem Punkt stehe, sie zu lieben, obgleich ihr Verstand nicht eben glänzend zu nennen. [–] »Pah«, sagte Goethe lachend, »als ob die Liebe etwas mit dem Verstande zu tun hätte! Wir lieben an einem jungen Frauenzimmer ganz andere Dinge als den Verstand. Wir lieben an ihr das Schöne, das Jugendliche, das Neckische, das Zutrauliche, den Charakter, ihre Fehler, ihre Kapricen und Gott weiß was alles Unaussprechliche sonst; aber wir lieben nicht ihren Verstand.«

Zu Eckermann am 2. Januar 1824

Euer verrückter Ehstandsflüchtling hält sich in Jena auf, er war in diesen Tagen hier, doch ohne sich bey mir sehen zu lassen. So närrisch die Seuche ist, die eure Berliner verlobten Männer ergreift, so ist mir das Symptom im Leben doch schon vorgekommen, weil unter der Sonne nichts Neues geschieht. Ein Bekannter von mir saß bey seiner Braut im Wagen und fuhr nach der Kirche; da ergriff ihn eine solche Altar- und Bettscheue, daß er eine Ohnmacht vorspiegelte und umkehren ließ, wie denn auch der Handel rückgängig wurde. […] Nach meiner Einsicht tritt in solchen Fällen eine Überzeugung eigener Ohnmacht wie ein Gespenst so fürchterlich vor dem Betheiligten auf, daß eine Art Wahnsinn entspringt, welcher das Bewußtseyn aller übrigen Verhältnisse verschlingt, ja sogar, wie bey dem ersten Berliner Fall, das Verbrechen einleitet.

Brief vom 4. Dezember 1827

»HABE NUN, ACH!«
UND ANDERE IRRTÜMER

Ei, bin ich denn darum achtzig Jahre alt geworden, daß ich immer dasselbe denken soll? Ich strebe vielmehr, täglich etwas anderes, Neues zu denken, um nicht langweilig zu werden. Man muß sich immerfort verändern, erneuen, verjüngen, um nicht zu verstocken.

Zu Kanzler von Müller am 24. April 1830

Wer sich an eine falsche Vorstellung gewöhnt, dem wird jeder Irrtum willkommen sein.

»Maximen und Reflexionen«

Tolle Zeiten hab ich erlebt und hab nicht ermangelt,
    Selbst auch töricht zu sein, wie es die Zeit mir gebot.

»Epigramme. Venedig 1790«

> »Meinst du denn alles, was du sagst?«
> Meinst du denn ernstlich, was du fragst?
> Wen kümmert's, was ich meine und sage:
> Denn alles Meinen ist nur Frage.

»Zahme Xenien«

Wenn weise Männer nicht irrten, müßten die Narren verzweifeln.

»Maximen und Reflexionen«

Er wird jede Gesellschaft stören:
Der Narr kann seinen Nahmen nicht hören.
Wird ihm der in's Gesicht genannt;
Gleich ist er an allen Enden entbrannt,
Er will gleich alles zusammenschmeissen
Will ein für allemal nicht so heisen.
Was sollen wir uns mit ihm zausen!
Mag der Narr mit sich selber hausen!

Frühes Briefgedicht

Unwissende werfen Fragen auf, welche von Wissenden vor tausend Jahren schon beantwortet sind.

»Maximen und Reflexionen«

Hör auf doch, mit Weisheit zu prahlen, zu
                prangen,
Bescheidenheit würde dir löblicher stehn:
Kaum hast du die Fehler der Jugend begangen,
So mußt du die Fehler des Alters begehn.

»Zahme Xenien«

Hab ich gerechterweise verschuldet
Diese Strafe in alten Tagen?
Erst hab ich's an den Vätern erduldet,
Jetzt muß ich's an den Enkeln ertragen.

»Zahme Xenien«

Ihr laßt nicht nach, ihr bleibt dabei,
Begehret Rat, ich kann ihn geben;

Allein, damit ich ruhig sei,
Versprecht mir, ihm nicht nachzuleben.

»Epigrammatisch«

Böse Zeiten
Philosophen verderben die Sprache, Poeten die Logik,
Und mit dem Menschenverstand kommt man durchs Leben nicht mehr.

»Xenien«

Man hat sich lange mit der Kritik der Vernunft beschäftigt; ich wünschte eine Kritik des Menschenverstandes. Es wäre eine wahre Wohlthat fürs Menschengeschlecht, wenn man dem Gemeinverstand bis zur Überzeugung nachweisen könnte, wie weit er reichen kann, und das ist gerade soviel, als er zum Erdenleben vollkommen bedarf.

»Maximen und Reflexionen«

»Falschheit nur und Verstellung ist in dem Umgang der Menschen,
Keiner erscheint, wie er ist.« – Danke dem Himmel, mein Freund.

»Xenien«

Wie man denn niemals mehr von Freiheit reden hört, als wenn eine Partei die andere unterjochen will und es auf weiter nichts angesehen ist, als daß Gewalt, Einfluß und Vermögen aus einer Hand in die andere gehen sollen.

»West-östlicher Divan. Noten und Abhandlungen«

Du bist sehr eilig, meiner Treu!
Du suchst die Tür und läufst vorbei.

»Sprichwörtlich«

Wie sind die vielen doch beflissen!
Und es verwirrt sie nur der Fleiß.
Sie möchten's gerne anders wissen
Als einer, der das Rechte weiß.

»Zahme Xenien«

Wenn man einige Monate die Zeitungen nicht gelesen hat und man liest sie alsdann zusammen, so zeigt sich erst, wieviel Zeit man mit diesen Papieren verdirbt.

»Maximen und Reflexionen«

In den Zeitungen ist alles Offizielle geschraubt, das übrige platt.

»Maximen und Reflexionen«

Abstumpfen des Geistes durchs Geistreiche.

»Maximen und Reflexionen«

Über Berg und Tal,
Irrtum über Irrtum allzumal,
Kommen wir wieder ins Freie;
Doch da ist's gar zu weit und breit,
Nun suchen wir in kurzer Zeit
Irrgang und Berg aufs neue.

»Zahme Xenien«

Verständige Leute kannst du irren sehn,
In Sachen nämlich, die sie nicht verstehn.

»Zahme Xenien«

»Der Mond soll im Kalender stehn;
Doch auf den Straßen ist er nicht zu sehn!
Warum darauf die Polizei nicht achtet!«

Mein Freund, urteile nicht so schnell!
Du tust gewaltig klug und hell,
Wenn es in deinem Kopfe nachtet.

»Zahme Xenien«

Wir
Du toller Wicht, gesteh nur offen:
Man hat dich auf manchem Fehler betroffen!

Er
Jawohl! doch macht ich ihn wieder gut.

Wir
Wie denn?

Er
      Ei, wie's ein jeder tut.

Wir
Wie hast du denn das angefangen?

Er
Ich hab einen neuen Fehler begangen,
Darauf waren die Leute so versessen,
Daß sie des alten gern vergessen.

»Zahme Xenien«

Des Wahren bedient man sich, solange es brauchbar ist; aber leidenschaftlich ergreift man das Falsche, sobald man es für den Augenblick nutzen kann.

»Wilhelm Meisters Wanderjahre«

Zwei Jahrzehende kostest du mir: zehn Jahre verlor ich,
   Dich zu begreifen, und zehn, mich zu befreien von dir.*

»Xenien«

   »Wie hast du's denn so weit gebracht?
    Sie sagen, du habest es gut vollbracht!« –
   Mein Kind! ich hab es klug gemacht:
   Ich habe nie über das Denken gedacht.

   »Zahme Xenien«

Man verändert fremde Reden beim Wiederholen wohl nur darum so sehr, weil man sie nicht verstanden hat.

»Die Wahlverwandtschaften«

Um die Menschen aufzuregen, muß man ihnen nur einen kühnen Irrtum dreist hinwerfen.

Zu Kanzler von Müller am 15. Mai 1822

Es ist weit eher möglich, sich in den Zustand eines Gehirns zu versetzen, das im entschiedensten Irrtum befangen ist, als eines, das Halbwahrheiten sich vorspiegelt.

»Maximen und Reflexionen«

  * Vermutlich auf Schillers langjährige Beschäftigung mit Kants Philosophie gemünzt, die seine Dichtung zeitweise zurückdrängte.

[Nach einer Reihe Verhaltensmaßregeln an seine Schwester Cornelia:] Wirst du nun dieses alles nach meiner Vorschrifft getahn haben, wenn ich nach Hause komme; so garantire ich meinen Kopf, du sollst in einem kleinen Jahre das vernünftigste, artigste, angenehmste, liebenswürdigste Mädgen, nicht nur in Franckfurt, sondern im ganzen Reiche seyn. Denn unter uns, draussen bei euch residirt die Dummheit ganz feste noch.

Brief vom 12. Oktober 1767

>>Was lassen sie denn übrig zuletzt,
Jene unbescheidnen Besen?<<
Behauptet doch *Heute* steif und fest,
Gestern sei nicht gewesen.

»Zahme Xenien«

Wenn ich irre, kann es jeder merken, wenn ich lüge, nicht.

»Maximen und Reflexionen«

So eigensinnig widersprechend ist der Mensch: zu seinem Vorteil will er keine Nötigung, zu seinem Schaden leidet er jeden Zwang.

»Maximen und Reflexionen«

Dümmer ist nichts zu ertragen,
Als wenn Dumme sagen den Weisen:
Daß sie sich in großen Tagen
Sollten bescheidentlich erweisen.

»West-östlicher Divan«

Der Scharfsinn verläßt geistreiche Männer am wenigsten, wenn sie unrecht haben.

»Maximen und Reflexionen«

Es ist besser, eine Torheit *pure* geschehen zu lassen, als ihr mit einiger Vernunft nachhelfen zu wollen. Die Vernunft verliert ihre Kraft, indem sie sich mit der Torheit vermischt, und die Torheit ihr Naturell, das ihr oft forthilft.

»Italienische Reise« (Paralipomenon)

>»Laß dich nur in keiner Zeit
>   Zum Widerspruch verleiten,
>   Weise fallen in Unwissenheit,
>   Wenn sie mit Unwissenden streiten.«
>
>   »West-östlicher Divan«

>Das Schlechte kannst du immer loben,
>   Du hast dafür sogleich den Lohn!
>   In deinem Pfuhle schwimmst du oben
>   Und bist der Pfuscher Schutzpatron.
>
>   »Zahme Xenien«

Eine nachgesprochne Wahrheit verliert schon ihre Grazie, aber ein nachgesprochner Irrtum ist ganz ekelhaft.

»Maximen und Reflexionen«

Derjenige, der's allen andern zuvortun will, betrügt sich meist selbst; er tut nur alles, was er kann, und bildet sich dann gefällig vor, das sei so viel und mehr als das, was alle können.

»Maximen und Reflexionen«

»Wir gestehen lieber unsre moralischen Irrtümer, Fehler und Gebrechen als unsre wissenschaftlichen.«

»Letzte Sentenzen 1831«

[Als die Petersburger Akademie auf ihre Preisfrage keine Antwort bekam:] Sie sollte jetzt den Preis verdoppeln und ihn demjenigen versprechen, der sehr klar und deutlich vor Augen legte: *warum keine Antwort eingegangen ist und warum sie nicht erfolgen konnte.*

»Letzte Sentenzen 1831«

»Durchaus studiert, mit heissem Bemühn«

Wer mag denn gleich Vortreffliches hören?
Nur Mittelmäßige sollten lehren.

»Zahme Xenien«

Die Deutschen, und sie nicht allein, besitzen die Gabe,
die Wissenschaften unzugänglich zu machen.

»Maximen und Reflexionen«

Denn eben wo Begriffe fehlen,
Da stellt ein Wort zur rechten Zeit sich ein.
Mit Worten läßt sich trefflich streiten,
Mit Worten ein System bereiten,
An Worte läßt sich trefflich glauben,
Von einem Wort läßt sich kein Jota rauben.

»Faust, 1. Teil«

Geschwindschreiber
Was sie gestern gelernt, das wollen sie heute schon lehren,
 Ach! was haben die Herrn doch für ein kurzes
  Gedärm!

»Xenien«

Wir Gelehrten, achten – was! Meinst du etwa 10 rh. nicht. Nein wir gelehrten achten euch andern Mädgen so – so wie Monaden. Warrlich seitdem ich gelernt habe daß mann ein Sonnenstäubgen in einige 1000 teilgen teilen könne, seitdem sage ich, schäm ich mich daß ich jemahls einem Mädgen zugefallen gegangen binn, die vieleicht nicht gewußt hat, daß es thiergen giebt, die auf einer Nadelspitze einen Menuet tanzen können.«

Brief vom 6. Dezember 1765

[Über gewisse Philosophen unter meinen Landsleuten:] Die schließen sich dreißig Jahre in ihrer Kammer ein, ohne auf die Welt zu blicken. Die beschäftigen sich nur damit, die Ideen immer wieder durchzusieben, die sie aus dem eignen armseligen Hirn gezogen haben, und da finden sie wohl eine unerschöpfliche Quelle originaler, großer, brauchbarer Einfälle! Wissen Sie, was dabei herauskommt? Hirngespinste, nichts als Hirngespinste! Töricht genug war ich, mich lange über die Narreteien zu ärgern: jetzt erlaube ich mir auf meine alten Tage zum Zeitvertreib darüber zu lachen!

Brief vom 17. Februar 1832

> Zwar ist's mit der Gedankenfabrik
> Wie mit einem Weber-Meisterstück,
> Wo *ein* Tritt tausend Fäden regt,
> Die Schifflein herüber hinüber schießen,
> Die Fäden ungesehen fließen,
> Ein Schlag tausend Verbindungen schlägt.
> Der Philosoph, der tritt herein
> Und beweist Euch, es müßt so sein:

> Das Erst wär so, das Zweite so
> Und drum das Dritt und Vierte so;
> Und wenn das Erst und Zweit nicht wär,
> Das Dritt und Viert wär nimmermehr.
> Das preisen die Schüler allerorten,
> Sind aber keine Weber geworden.
> Wer will was Lebendigs erkennen und
>   beschreiben,
> Sucht erst den Geist herauszutreiben,
> Dann hat er die Teile in seiner Hand,
> Fehlt, leider! nur das geistige Band.
> Encheiresin naturae* nennt's die Chemie,
> Spottet ihrer selbst und weiß nicht wie.

»Faust, 1. Teil«

Die Mathematiker sind wunderliche Leute; durch das Große, was sie leisteten, haben sie sich zur Universalgilde aufgeworfen und wollen nichts anerkennen, als was in ihren Kreis paßt, was ihr Organ behandeln kann. Einer der ersten Mathematiker sagte bei Gelegenheit, da man ihm ein physisches Kapitel andringlich empfehlen wollte: »Aber läßt sich denn gar nichts auf den Kalkül reduzieren?«

»Maximen und Reflexionen«

Die Mathematiker sind eine Art Franzosen: redet man zu ihnen, so übersetzen sie es in ihre Sprache, und dann ist es alsobald ganz etwas anders.

»Maximen und Reflexionen«

  * griech./lat. für Handhabung der Natur. Der Spott gilt der Analytischen Chemie, die den ursprünglichen Stoff zwar zerlegen, aber nicht wiederherstellen kann.

Es folgt eben gar nicht, daß der Jäger, der das Wild erlegt, auch zugleich der Koch sein müsse, der es zubereitet. Zufälligerweise kann ein Koch mit auf die Jagd gehen und gut schießen; er würde aber einen bösen Fehlschluß tun, wenn er behauptete, um gut zu schießen, müsse man Koch sein. So kommen mir die Mathematiker vor, die behaupten, daß man in physischen Dingen nichts sehen, nichts finden könne, ohne Mathematiker zu sein, da sie doch immer zufrieden sein könnten, wenn man ihnen in die Küche bringt, das sie mit Formeln spicken und nach Belieben zurichten können.

»Maximen und Reflexionen«

Eure Gelehrten machen es wie unsere weimarischen Buchbinder. Das Meisterstück, das man von ihnen verlangt, um in die Gilde aufgenommen zu werden, ist keineswegs ein hübscher Einband nach dem neuesten Geschmack. Nein, weit entfernt! Es muß noch immer eine dicke Bibel in Folio geliefert werden, ganz wie sie vor zwei bis drei Jahrhunderten Mode war, mit plumpen Deckeln und in starkem Leder. – Die Aufgabe ist eine Absurdität. Aber es würde dem armen Handwerker schlecht gehen, wenn er behaupten wollte, seine Examinatoren wären dumme Leute.

Zu Eckermann am 2. Juni 1823

Ärzte
Wissen möchtet ihr gern die geheime Struktur des
    Gebäudes,
  Und ihr wählt den Moment, wenn es in Flammen gerät.

»Xenien«

Dem Arzt verzeiht! Denn doch einmal
Lebt er mit seinen Kindern.
Die Krankheit ist ein Kapital,
Wer wollte das vermindern!

»Xenien«

In meinem Revier
Sind Gelehrte gewesen;
Außer ihrem eignen Brevier
Konnten sie keines lesen.

»Sprichwörtlich«

Lasset Gelehrte sich zanken und streiten,
Streng und bedächtig die Lehrer auch sein!
Alle die Weisesten aller der Zeiten
Lächeln und winken und stimmen mit ein:
»Töricht, auf Beßrung der Toren zu harren!
Kinder der Klugheit, o habet die Narren
Eben zum Narren auch, wie sich's gehört!«

Aus: »Kophtisches Lied«

Die Gelehrten sind meist gehässig, wenn sie widerlegen;
einen Irrenden sehen sie gleich als Todfeind an.

»Maximen und Reflexionen«

Was wir Dichter ins Enge bringen,
Wird von ihnen ins Weite geklaubt.
Das Wahre klären sie an den Dingen,
Bis niemand mehr dran glaubt.

»Zahme Xenien«

Die erste Zeit wollen die Menschen dem keinen Wert zugestehen, was wir ihnen überliefern, und dann gebärden sie sich, als wenn ihnen alles schon bekannt wäre, was wir ihnen überliefern könnten.

»Maximen und Reflexionen«

Philologen: Apollo Sauroktonos*, immer mit dem spitzen Griffelchen in der Hand aufpassend, eine Eidechse zu spießen.

»Maximen und Reflexionen«

> *Die Sprachreiniger*
> Gott Dank! daß uns so wohl geschah:
> Der Tyrann sitzt auf Helena!
> Doch ließ sich nur der eine bannen,
> Wir haben jetzo hundert Tyrannen.
> Die schmieden, uns gar unbequem,
> Ein neues Kontinentalsystem.
> Teutschland soll rein sich isolieren,
> Einen Pestkordon um die Grenze führen,
> Daß nicht einschleiche fort und fort
> Kopf, Körper und Schwanz von fremdem Wort.
>
> »Zahme Xenien«

Der Fehler schwacher Geister ist, daß sie im Reflektieren sogleich vom Einzelnen ins Allgemeine gehen, anstatt daß man nur in der Gesamtheit das Allgemeine suchen kann.

»Maximen und Reflexionen«

* Statue des Praxiteles: Apollo als Eidechsentöter.

Nach unserm Rat bleibe jeder auf dem eingeschlagenen Wege und lasse sich ja nicht durch Autorität imponieren, durch allgemeine Übereinstimmung bedrängen und durch Mode hinreißen.

»Maximen und Reflexionen«

Der gemeine Wissenschäftler hält alles für überlieferbar und fühlt nicht, daß die Niedrigkeit seiner Ansichten ihm sogar das eigentlich Überlieferbare nicht fassen läßt.

»Maximen und Reflexionen«

Vor zwei Dingen kann man sich nicht genug in acht nehmen: beschränkt man sich in seinem Fache, vor Starrsinn, tritt man heraus, vor Unzulänglichkeit.

»Maximen und Reflexionen«

Der dritte Teil der an den Schreibtisch gefesselten Gelehrten und Staatsdiener ist körperlich anbrüchig und dem Dämon der Hypochondrie verfallen.

Zu Eckermann am 6. Juni 1828

In New-York sind neunzig verschiedene christliche Confessionen, von welchen jede auf ihre Art Gott und den Herrn bekennt, ohne weiter an einander irre zu werden. In der Naturforschung, ja in jeder Forschung müssen wir es so weit bringen; denn was will das heißen, daß jedermann von Liberalität spricht und den andern hindern will, nach seiner Weise zu denken und sich auszusprechen!

»Nachgelassene Werke« 1833

Unter den Geschichtsforschern gibt es welche, und es sind Männer, denen man seine Achtung nicht versagen kann, die zu jeder Fabel, jeder Tradition, sie sei so phantastisch, so absurd als sie wolle, einen realen Grund suchen, und unter der Märchenhülle jederzeit einen faktischen Kern zu finden glauben.

Brief vom 3. Dezember 1812

Geschichte schreiben ist eine Art, sich das Vergangene vom Halse zu schaffen.

»Maximen und Reflexionen«

WAGNER: Verzeiht! es ist ein groß Ergetzen,
   Sich in den Geist der Zeiten zu versetzen,
   Zu schauen, wie vor uns ein weiser Mann gedacht
   Und wie wir's dann zuletzt so herrlich weit gebracht.
FAUST: O ja, bis an die Sterne weit!
   Mein Freund, die Zeiten der Vergangenheit
   Sind uns ein Buch mit sieben Siegeln;
   Was ihr den Geist der Zeiten heißt,
   Das ist im Grund der Herren eigner Geist,
   In dem die Zeiten sich bespiegeln.
   Da ist's denn wahrlich oft ein Jammer!
   Man läuft euch bei dem ersten Blick davon.
   Ein Kehrichtfaß und eine Rumpelkammer,
   Und höchstens eine Haupt- und Staatsaktion
   Mit trefflichen pragmatischen Maximen,
   Wie sie den Puppen wohl im Munde ziemen!

»Faust, 1. Teil«

»UND LEIDER AUCH THEOLOGIE«

Es ist erbärmlich anzusehen, wie die Menschen nach Wundern schnappen, nur um in ihrem Unsinn und Albernheit beharren zu dürfen, und um sich gegen die Obermacht des Menschenverstandes und der Vernunft wehren zu können.

Brief vom 1. Juni 1791

Seit die Menschen einsehen lernen, wieviel dummes Zeug man ihnen angeheftet, und seit sie anfangen zu glauben, daß die Apostel und Heiligen auch nicht bessere Kerls als solche Bursche wie Klopstock, Lessing und wir anderen armen Hundsfötter gewesen, muß es natürlich wunderlich in den Köpfen sich kreuzen.

Zu Kanzler von Müller am 8. Juni 1830

Geheimnisse sind noch keine Wunder.

»Maximen und Reflexionen«

> Wirst du die frommen Wahrheitswege gehen,
> Dich selbst und andere triegst du nie.
> Die Frömmelei läßt Falsches auch bestehen,
> Derwegen haß ich sie.
>
> »Zahme Xenien«

Aber *eins* müssen wir sagen, die Verfasser trotzen sehr auf ihren Eifer für die Religion. Wir loben sie deswegen; doch bitten wir sie zugleich, erst zu lernen, was Religion ist. Denn in allen ihren sogenannten geistlichen Aufsätzen und Versen glimmt nicht ein Funken davon; und man ist endlich das Geleier von der Tugend und Religion überdrüssig, wo der Leiermann mehr nicht sagt als: wie schön ist die Tugend! wie schön ist die Religion! und wie ist die Tugend und Religion doch so schön! und was ist der für ein böser Mensch, der nicht laut schreit: sie ist schön usw.

Aus einer Rezension in den »Frankfurter Gelehrten Anzeigen«

> Der Weihrauch, der euch Göttern glüht,
> Muß Priestern lieblich duften,
> Sie schufen euch, wie jeder sieht,
> Nach ihrem Bild zu Schuften.

»Invektiven«

Die christliche Religion ist eine intentionierte politische Revolution, die, verfehlt, nachher moralisch geworden ist.

»Maximen und Reflexionen«

Es ist gar viel Dummes in den Satzungen der Kirche. Aber sie will herrschen, und da muß sie eine borniete Masse haben, die sich duckt und die geneigt ist, sich beherrschen zu lassen. Die hohe reichdotierte Geistlichkeit fürchtet nichts mehr als die Aufklärung der untern Massen. Sie hat ihnen auch die Bibel lang genug vorenthalten, so lange als irgend möglich. Was sollte auch ein armes christliches Gemeindeglied von der fürstlichen Pracht eines reichdotierten Bischofes denken, wenn es dagegen in den Evangelien die Armut und Dürftigkeit Christi sieht, der mit seinen Jüngern in Demut zu Fuße ging, während der fürstliche Bischof in einer von sechs Pferden gezogenen Karosse einherbrauset!

Zu Eckermann am 11. März 1832

Da ist er nun auch im Himmel wo die Engelgen einander auf die Schwänze treten.

»Späne«

> Die Kirche hat einen guten Magen,
> Hat ganze Länder aufgefressen
> Und doch noch nie sich übergessen;
> Die Kirch allein, meine lieben Frauen,
> Kann ungerechtes Gut verdauen.
>
> »Faust, 1. Teil«

Man muß sein Glaubensbekenntnis von Zeit zu Zeit wiederholen, aussprechen, was man billigt, was man verdammt; der Gegenteil läßt's ja auch nicht daran fehlen.

»Maximen und Reflexionen«

> Mit Kirchengeschichte was hab ich zu schaffen?
> Ich sehe weiter nichts als Pfaffen;
> Wie's um die Christen steht, die Gemeinen,
> Davon will mir gar nichts erscheinen.
>
> »Zahme Xenien«

Herr *Schulz* ist einer der schlechtesten Missionarien, die jemals Völker verwirrt haben. Die Judenbekehrung ist sein Zweck und das Talent, das ihn dazu beruft, seine Fertigkeit, Hebräisch zu sprechen, und was dazu gehört. Übrigens ohne Gefühl von dem, was Mensch sei, was das Bedürfnis sei, das vor der *Erweckung* vorhergehen muß, woher es entspringe, wie ihm durch Religion abgeholfen werde. – Er läuft durch die Welt, bellt die Juden an, die meistens gescheiter sind als er selbst, beißt sich mit ihnen herum, richtet nichts aus, erbaut die guten Leute, die ihn dagegen mit Essen und Trinken erquicken etc. Daß doch alle Missionsgeschichten Satiren auf sich selbst sein müssen!

Aus einer Rezension in den »Frankfurter Gelehrten Anzeigen«

> Wie einer ist, so ist sein Gott,
> Darum ward Gott so oft zu Spott.

»Zahme Xenien«

Es thut mir in den Augen weh,
Wenn ich dem Narren seinen Herrgott seh.
Wollt lieber eine Zwiebel anbeten,
Biss mir die Thrän in die Augen träten,
Als öffnen meines Herzens Schrein
Einem Schnitzbildlein, Queerhölzelein.

»Satyros oder der vergötterte Waldteufel«

Der wahre Grund
Was sie im Himmel wohl suchen, das, Freunde, will ich
    euch sagen:
  Vor der Hand suchen sie nur Schutz vor der
    höllischen Glut.

»Votivtafeln von Schiller und Goethe«

Ich muß gestehen, ich wüßte auch nichts mit der ewigen Seligkeit anzufangen, wenn sie mir nicht neue Aufgaben und Schwierigkeiten zu besiegen böte.

Brief vom 26. Januar 1825

»Die Kirche schwächt alles, was sie anrührt.«

»Maximen und Reflexionen«

Die Religion, sagt man, sei nur ein prächtiger Teppich, hinter dem man jeden gefährlichen Anschlag nur desto leichter ausdenkt. Das Volk liegt auf den Knien, betet die heiligen gewirkten Zeichen an, und hinten lauscht der Vogelsteller, der sie berücken will.

»Egmont«

    Glaubt nicht, das ich fasele, daß ich dichte;
    Seht hin und findet mir andre Gestalt!
    Es ist die ganze Kirchengeschichte
    Mischmasch von Irrtum und von Gewalt.

    »Zahme Xenien«

Was soll mir euer Hohn
Über das All und Eine?
Der Professor ist eine Person,
Gott ist keine.

»Zahme Xenien«

Die Hindus der Wüste geloben, keine Fische zu essen.

»Maximen und Reflexionen«

Ein lutherischer Geistlicher spricht:
Heiliger, lieber Luther,
Du schabtest die Butter
Deinen Gesellen vom Brot,
Das verzeihe dir Gott!

»Zahme Xenien«

[Die frommen Leute in Straßburg] sind so von Herzen langweilig wenn sie anfangen, daß es meine Lebhafftigkeit nicht aushalten konnte. Lauter Leute von mäsigem Verstande, die mit der ersten Religionsempfindung, auch den ersten vernünftigen Gedanken dachten, und nun meynen das wäre alles, weil *sie* sonst von nichts wissen; dabey so hällisch und meinem Graffen so feind, und so kirchlich und püncktlich, daß – ich Ihnen eben nichts weiter zu sagen brauche. [–] Es kömmt noch was dazu. Die Vorliebe für unsre eignen Empfindungen und Meynungen, die Eitelkeit eines ieden Nase dahin drehen zu wollen wohin unsre gewachsen ist; Fehler denen solche Leute die eine gute Sachen haben mit der größten Sicherheit nachhängen.

Brief vom 26. August 1770

Warum uns Gott so wohl gefällt?
Weil er sich uns nie in den Weg stellt.

»Sprichwörtlich«

Wie nur einer kommt, der auch nur ein kleines Wunderchen zu tun sich anmaßt, flugs laß ich ihn totschlagen, und dann wollen wir ihn anbeten, wenn wir ihn nur los sind.

»Die Vögel«

»Die Natur verbirgt Gott!« Aber nicht jedem!

Aphorismen aus dem Nachlaß

Du hältst das Evangelium wie es steht für die göttlichste Wahrheit, mich würde eine vernehmliche Stimme vom Himmel nicht überzeugen, daß das Wasser brennt und das Feuer löscht, daß ein Weib ohne Mann gebiert, und daß ein Todter aufersteht; vielmehr halte ich dieses für Lästerungen gegen den großen Gott und seine Offenbarung in der Natur. [–] Du findest nichts schöner als das Evangelium, ich finde tausend geschriebene Blätter alter und neuer von Gott begnadigter Menschen eben so schön, und der Menschheit nützlich und unentbehrlich.

Brief vom 9. August 1782

Kunst und Künstler

> Nehmt nur mein Leben hin in Bausch
> Und Bogen, wie ich's führe;
> Andre verschlafen ihren Rausch,
> Meiner steht auf dem Papiere.

»Zahme Xenien«

Ich mag gar nicht daran dencken was man für seine Sachen kriegt […] Mir hat meine Autorschafft die Suppen noch nicht fett gemacht, und wirds und solls auch nicht thun. [–] Zu einer Zeit da sich so ein groses Publikum mit Berlichingen beschäfftigte, und ich soviel Lob und Zufriedenheit von allen Enden einnahm, sah ich mich genötigt Geld zu borgen, um das Papier zu bezahlen, worauf ich ihn hatte drucken lassen.

Brief vom 23. Dezember 1774

Ein deutsches Meisterstück
Alles an diesem Gedicht ist vollkommen, Sprache,
    Gedanke,
  Rhythmus; das einzige nur fehlt noch: es ist kein
    Gedicht.

»Xenien«

Das ungleiche Verhältnis
Unsre Poeten sind seicht; doch das Unglück ließ' sich vertuschen,
    Hätten die Kritiker nicht, ach! so entsetzlich viel Geist.

»Xenien«

Wir sind in Deutschland sehr verständig und haben guten Willen, beides für den Hausgebrauch; wenn aber einmal etwas Besonderes zum Vorschein kommt, so wissen wir gar nicht, was wir damit anfangen sollen, und der Verstand wird albern und der gute Wille schädlich.

Anläßlich einer Rezension von Georg Hillers »Gedichte und Selbstbiographie«

Deutscher Genius
Ringe, Deutscher, nach römischer Kraft, nach griechischer Schönheit!
    Beides gelang dir, doch nie glückte der gallische Sprung.

»Votivtafeln von Schiller und Goethe«

Alles schreibt, es schreibt der Knabe, der Greis, die Matrone.
    Götter, erschafft ein Geschlecht, welchem das schreibende schreibt.

»Xenien«

Dummes Zeug kann man viel reden,
Kann es auch schreiben,
Wird weder Leib noch Seele töten,
Es wird alles beim alten bleiben.
Dummes aber, vors Auge gestellt,
Hat ein magisches Recht;
Weil es die Sinne gefesselt hält,
Bleibt der Geist ein Knecht.

»Zahme Xenien«

Wie man denn schon seit langen Zeiten
Läßt Kaffee öffentlich bereiten,
Daß für drei Pfennig jedermann
Sich seinen Magen verderben kann:
So teilt man nun den Leseschmaus
Liebhabern für sechs Pfennig aus.

»Das Neueste von Plundersweilern«

Es schnurrt mein Tagebuch
Am Bratenwender:
Nichts schreibt sich leichter voll
Als ein Kalender.

»Zahme Xenien«

Der Theater Calender, den ich gelesen hat mich fast zur Verzweiflung gebracht; noch niemals hab ich ihn mit Absicht durchgesehn wie ietzt und niemals ist er mir und sein Gegenstand so leer, schaal, abgeschmackt und abscheulich vorgekommen. [–] Man sieht nicht eher wie schlecht eine Wirthschafft ist, als wenn man ihr recht ordentlich nachrechnet und alles umständlich bilancirt. Mit der desolantesten Kälte und Redlichkeit, ist hier ein Etat aufgestellt woraus man deutlich sehen kann daß überall, besonders in dem Fache das mich jetzt interessirt, überall nichts ist und nichts seyn kann. [...] Mit den Exkrementen der Weimarischen Armuth würzt Herr Reichardt seine oder vielmehr die deutsche Theater Miserie.

Brief vom 26. Januar 1786

Übersetzer sind als geschäftige Kuppler anzusehen, die uns eine halbverschleierte Schöne als höchst liebenswürdig anpreisen: sie erregen eine unwiderstehliche Neigung nach dem Original.

»Maximen und Reflexionen«

>Wer uns am strengsten kritisiert?
>Ein Dilettant, der sich resigniert.

»Sprichwörtlich«

Ich hasse alle Spezialkritik von Stellen und Worten. Ein Kopf, daraus es kam, also ein Ganzes und konsistent in sich, wenn der Arbeiter nur einigermaßen Original ist. Ich kann leiden, wenn meine Freunde eine Arbeit von mir zu Feuer verdammen, umgegossen oder verbrannt zu werden; aber sie sollen mir keine Worte rücken, keine Buchstaben versetzen.

Brief vom 6. März 1773

Man spricht soviel von Geschmack: der Geschmack besteht in Euphemismen. Diese sind Schonungen des Ohrs mit Aufregung des Sinnes.

»Maximen und Reflexionen«

Das Publikum will wie Frauenzimmer behandelt sein: man soll ihnen durchaus nichts sagen, als was sie hören möchten.

»Maximen und Reflexionen«

Das Publikum beklagt sich lieber unaufhörlich, übel bedient worden zu sein, als daß es sich bemühte, besser bedient zu werden.

»Maximen und Reflexionen«

>   Wie es in der Welt so geht –
>   Weiß man, was geschah?
>   Und was auf dem Papiere steht,
>   Das steht eben da.
>
>   »Zahme Xenien«

> »Wie reizt doch das die Leute so sehr?
>   Was laufen sie wieder ins Schauspielhaus?«
>   Es ist doch etwas Weniges mehr,
>   Als säh man grade zum Fenster hinaus.
>
>   »Zahme Xenien«

Die Franzosen hätten seit Voltaire, Buffon und Diderot doch eigentlich keine Schriftsteller erster Größe gehabt, keinen, bei dem die geniale Kraft, die Löwentatze so recht entschieden hervorgetreten. Wenn die Franzosen sich mausig machen, so will ich es ihnen noch vor meinem seligen Ende recht derb und deutlich vorsagen. Ach, wenn man so lange gelebt hat wie ich und über ein halbes Jahrhundert mit so klarem Bewußtsein zurückschaut, so wird einem das Zeug alles, was geschrieben wird, recht ekelhaft.

Zu Kanzler von Müller am 28. März 1830

Das liebe, allerliebste, gegenwärtige Publikum meint immer: das, was man ihm vorsetzt, müßten jedesmal warme Kräppel aus der Pfanne sein. Es hat keinen Begriff, daß man sich zu jedem Neuen und wahrhaft Altneuen erst wieder zu bilden habe.

Brief vom 29. Januar 1831

Ich denke immer, wenn ich einen Druckfehler sehe, es sei etwas Neues erfunden.

»Maximen und Reflexionen«

Ein geistreicher Franzos hat schon gesagt: Wenn irgendein guter Kopf die Aufmerksamkeit des Publikums durch ein verdienstliches Werk auf sich gezogen hat, so tut man das Möglichste, um zu verhindern, daß er jemals dergleichen wieder hervorbringt.

»Dichtung und Wahrheit«

Es gibt Bücher, die sehr lesenswürdig, aber nicht lesbar sind; umgekehrt mag der Fall auch sein […]

»Stoff und Gehalt, zur Bearbeitung vorgeschlagen«

Es werden jetzt Produktionen möglich, die null sind, ohne schlecht zu sein: null, weil sie keinen Gehalt haben, nicht schlecht, weil eine allgemeine Form guter Muster den Verfassern vorschwebt.

»Maximen und Reflexionen«

Das Publikum, im ganzen genommen, ist nicht fähig, irgendein Talent zu beurteilen: denn die Grundsätze, wornach es geschehen kann, werden nicht mit uns geboren, der Zufall überliefert sie nicht, durch Übung und Studium allein können wir dazu gelangen.

»Rameaus Neffe. Anmerkungen«

Indem das Heilige Römische Reich dem verdienten Helden eine Statue setzen will, legt es in corpore in eine Lotterie: Es ist zu fürchten, daß es eine Kunstniete zieht.

»Maximen und Reflexionen« (Paralipomenon)

[Über »Neue Schauspiele«:] Diese Sammlung enthält fünf Dramen oder Schauspiele oder Lustspiele oder Trauerspiele – die Verfasser wissen so wenig als wir, was sie daraus machen sollen – aus der Wiener Manufaktur. In allen hat tragikomische Tugend, Großmut und Zärtlichkeit so viel zu schwatzen, daß der gesunde Menschenverstand und die Natur nicht zum Wort kommen können. [...] Man schießt, sticht, heult, zankt, fällt in Ohnmacht und auf die Knie, spricht Sentenzen, versöhnt sich, und, wie am Schluß versichert wird, *alle bezeugen ihre Freude, daß der Vorhang zufällt*. [...] Von dieser Sammlung soll nächstens der zweite Teil nachfolgen; denn seitdem Thalia und Melpomene durch Vermittelung einer französischen Kupplerin mit dem Nonsense Unzucht treiben, hat sich ihr Geschlecht vermehrt wie die Frösche!

Aus einer Rezension in den »Frankfurter Gelehrten Anzeigen«

Der Verfasser beteuert in der Vorrede: er wolle keine *geheime Geschichte*, keine *Anekdoten* schreiben, bemühe sich nicht, *neue geheime Triebfedern des Verstandes und Herzens* auszuforschen. Zugestanden, mein Herr, ohne Protestation, daß Sie weder für *alte* noch *neue, geheime* noch *offenbare* Triebfedern der *obern, mittlern* noch *untern* Seele jemals ein Auge gehabt haben. Eine Haupttugend seiner Helden preist er die Keusch- und Züchtigkeit. [...] Du Muster eines moralischen Volks, ohne Leidenschaft, ohne Begierde! Nicht daß wir den *schlüpfrigen Liebeserzählungen* das Wort reden, wir bedauern nur, daß der *gesittete* und *tugendhafte* Teil des zu *amüsierenden* Publikums so schlecht bedient worden ist, seit undenklichen Zeiten bis auf den heutigen Tag.

Aus einer Rezension in den »Frankfurter Gelehrten Anzeigen«

Der Witz dieser Dinger besteht darin, daß sie auf blau Papier gedruckt sind, und da das Papier auch ziemlich sanft ist, so würde selbst *Gargantua**, der kompetenteste

---

* In Rabelais' drastisch-satirischem Roman »Gargantua und Pantagruel« (1532/1564) werden die kreatürlichen Körperfunktionen ungemein deutlich in den Vordergrund gerückt.

Richter in diesen Fällen, gestehen müssen, daß sie sehr brauchbar sind.

Aus der Rezension des Buches »Blauer Dunst in Gedichten«.

Es gibt eine zerstörende Kritik und eine produktive. Jene ist sehr leicht, denn man darf sich nur irgendeinen Maßstab, irgendein Musterbild, so borniert sie auch seien, in Gedanken aufstellen, sodann aber kühnlich versichern: vorliegendes Kunstwerk passe nicht dazu, tauge deswegen nichts, die Sache sei abgetan, und man dürfe ohne weiteres eine Forderung als unbefriedigt erklären; und so befreit man sich von aller Dankbarkeit gegen den Künstler.

»Il Conte di Carmagnola noch einmal«

Sie peitschen den Quark, ob nicht etwa Creme daraus werden wolle.

»Maximen und Reflexionen«

Gewisse Bücher scheinen geschrieben zu sein, nicht damit man daraus lerne, sondern damit man wisse, daß der Verfasser etwas gewußt hat.

»Maximen und Reflexionen«

Die Lust der Deutschen am Unsichern in den Künsten kommt aus der Pfuscherei her; denn wer pfuscht, darf das Rechte nicht gelten lassen, sonst wäre er gar nichts.

»Maximen und Reflexionen«

Gegen die Kritik kann man sich weder schützen noch wehren; man muß ihr zum Trutz handeln, und das läßt sie sich nach und nach gefallen.

»Maximen und Reflexionen«

Die Zudringlichkeiten junger Dilettanten muß man mit Wohlwollen ertragen: sie werden im Alter die wahrsten Verehrer der Kunst und des Meisters.

»Maximen und Reflexionen«

Viele [Autoren] sind geistreich genug und voller Kenntnisse, allein sie sind zugleich voller Eitelkeit, und um sich von der kurzsichtigen Masse als witzige Köpfe bewundern zu lassen, haben sie keine Scham und Scheu und ist ihnen nichts heilig.

Zu Eckermann am 15. Oktober 1825

Ich verfluche allen negativen Purismus, daß man ein Wort nicht brauchen soll, in welchem eine andre Sprache Vieles oder Zarteres gefaßt hat.

»Maximen und Reflexionen«

Laßt uns doch vielseitig sein! Märkische Rübchen schmekken gut, am besten gemischt mit Kastanien, und diese beiden edlen Früchte wachsen weit auseinander.

»Maximen und Reflexionen«

Das sogenannte Aus-sich-Schöpfen macht gewöhnlich falsche Originale und Manieristen.

»Maximen und Reflexionen«

Die Technik im Bündnis mit dem Abgeschmackten ist die fürchterlichste Feindin der Kunst.

»Maximen und Reflexionen«

Bücher werden jetzt nicht geschrieben, um gelesen zu werden, um sich daraus zu unterrichten und belehren, sondern um rezensiert zu werden, damit man wieder darüber reden und meinen kann, so ins unendliche fort. [–] Seitdem man Bücher rezensiert, liest sie kein Mensch außer dem Rezensenten, und der auch so so.

Zu Riemer am 7. November 1805

Überhaupt schneidet sich jeder solche ästhetische Maßstäbe, bei denen er selber nicht zu kurz kommt und die also nicht größer sind als das, was er allenfalls selber kann. Man behandelt das Mittelmäßige mit Neigung, weil es das Niveau ist, auf welchem man selber steht.

Zu Eckermann (Fragment)

Der Dichter verwandelt das Leben in ein Bild. Die Menge will das Bild wieder zu Stoff erniedrigen.

Wenn ein deutscher Literator seine Nation vormals beherrschen wollte, so mußte er ihr nur glauben machen, es sei einer da, der sie beherrschen wolle. Da waren sie gleich so verschüchtert, daß sie sich, von wem es auch wäre, gern beherrschen ließen.

»Maximen und Reflexionen«

Übrigens geht es in der deutschen Gelehrtenrepublik jetzt völlig so bunt zu wie beim Verfall des Römischen Reiches, wo zuletzt jeder herrschen wollte und keiner mehr wußte, wer eigentlich Kaiser war. Die großen Männer leben dermal fast sämtlich im Exil, und jedes verwegene Marketendergesicht kann Imperator werden, sobald es nur die Gunst der Soldaten und der Armee besitzt oder sich sonst eines Einflusses zu erfreuen hat. Ein paar Kaiser mehr oder weniger, darauf kommt es in solchen Zeiten gar nicht an. Haben doch einmal im Römischen Reiche dreißig Kaiser zugleich regiert; warum sollten wir in unsern gelehrten Staaten der Oberhäupter weniger haben? Wieland und Schiller sind bereits ihres Thrones verlustig erklärt. Wie lange mir mein alter Imperatormantel noch auf den Schultern sitzen wird, läßt sich nicht vorausbestimmen; ich weiß es selbst nicht. Doch bin ich entschlossen, wenn es je dahin kommen sollte, der Welt zu zeigen, daß Reich und Szepter mir nichts ans Herz gewachsen sind, und meine Absetzung mit Geduld zu ertragen; wie denn überhaupt seinen Geschicken in dieser Welt niemand so leicht entgehen mag. Ja, wovon sprachen wir doch gleich? Ha, von Imperatoren! Gut! Novalis war noch keiner; aber mit der Zeit hätte er auch einer werden können. Schade nur, daß er so jung gestorben ist, zumal, da er noch außerdem seiner Zeit den Gefallen getan und katholisch geworden ist. Sind ja doch schon, wie die Zeitungen besagten, Jungfrauen und Studenten rudelweise zu seinem Grabe gewallfahrtet und haben ihm mit vollen Händen Blumen gestreut. Das nenn ich einen guten Anfang, und es läßt sich davon schon etwas für die Folge erwarten. Da ich nur wenig Zeitungen lese, so ersuche ich meine anwesenden Freunde, wenn etwas weiter von dieser Art, was von Wichtigkeit, eine Kanonisierung oder dergleichen, vorfallen sollte, mich davon sogleich in Kenntnis zu setzen. Ich meinerseits bin damit zufrieden, daß man bei meinen Lebzeiten alles nur erdenkliche Böse von mir sagt; nach meinem Tode aber sollen sie mich schon in Ruhe lassen, weil der Stoff schon früher erschöpft ist, so daß ihnen wenig oder nichts übrigbleiben wird. Tieck war auch eine Zeitlang Imperator; aber es währte nicht lange, so verlor er Szepter und Krone. Man sagt, es sei etwas zu Titusartiges in seiner Natur, er sei zu gütig, zu milde gewesen; das Reich aber fodere in seinem jetzigen Zustande Strenge, ja, man möchte wohl sagen, eine fast barbarische Größe. Nun kamen die Schlegel ans Regiment; da ging's besser! August Schlegel, seines Namens der Erste, und Friedrich Schlegel der Zweite – die beiden regierten mit dem gehörigen Nachdrucke. Es verging kein Tag, wo nicht irgend jemand ins Exil geschickt oder ein paar Exekutionen gehalten wurden. So ist's recht. Von dergleichen ist das Volk seit undenklichen Zeiten ein großer Liebhaber gewesen. Vor kurzem hat ein junger Anfänger den Friedrich Schlegel irgendwo als einen deutschen Herkules aufgeführt, der mit seiner Keule im Reiche herumginge und alles totschlüge, was ihm irgend in den Wege käme. Dafür hat jener mutige Imperator diesen jungen Anfänger seinerseits sogleich in den Adelsstand erhoben und ihn ohne weiteres einen Heroen der deutschen Literatur genannt. Das Diplom ist ausgefertigt; Ihr könnt Euch darauf verlassen, ich habe es selber gelesen. Dotationen, Domänen, ganze Fächer in Gelehrtenzeitungen, die sie ihren Freunden zum Rezensieren verschaffen, sind auch nicht selten; die Feinde aber werden oft heimlich aus dem Wege geräumt, indem man ihre Schriften beiseite legt und sie lieber gar nicht anzeigt. Da wir nun im Deutschen ein sehr geduldiges Publikum haben, das nichts liest, als was zuvor rezensiert ist, so ist diese Sache gar so übel nicht ausgesonnen. Das Beste noch bei der ganzen Sache ist denn aber doch immer das Ungefährliche. Zum Beispiel es legt sich einer jetzt abends als Imperator gesund und vergnügt zu Bette. Des andern Morgens darauf erwacht er und sieht mit Erstaunen, daß die Krone von seinem Haupte hinweg ist. Ich geb es zu, es ist ein schlimmer Zufall; aber der Kopf, sofern der Imperator überhaupt einen hatte, sitzt doch noch immer auf derselben Stelle, und das ist, meines Erachtens, barer Gewinn. Wie häßlich dagegen ist es von den alten Imperatoren zu lesen, wenn sie dutzendweise in der römischen Geschichte erdrosselt und nachher in die Tiber geworfen werden. Ich meinerseits gedenke, wofern ich auch Reich und Szepter verlieren sollte, hier ruhig an der Ilm auf meinem Bette zu sterben. Von unsern Reichsangelegenheiten und besonders von Imperatoren weiterzusprechen: ein andrer junger Dichter in Jena ist auch zu früh gestorben. Imperator konnte der zwar nicht werden, aber Reichsverweser, Majordomus oder so etwas, das wäre ihm nicht entgangen. Wo nicht, so stand ihm noch immer als einem der ersten Heroen in der deutschen Literatur ein Platz offen. Eine Pairskammer zu stiften, wozu Vermögen gehört, wäre überhaupt in der deutschen Literatur kein verwerflicher Gedanke. Hätte jener nur ein paar Jahre länger in Jena gelebt, so könnte er Pair des Reiches geworden sein, ehe er sich umsah. So aber, wie gesagt, starb er zu frühe. Das war allerdings übereilt. Man soll sich, wie es der rasche Gang unserer neuesten Literatur fordert, so schnell als möglich mit Ruhm, aber so langsam als möglich mit Erde bedecken. Das ist Grundsatz. Mit der Herausgabe von einigen Sonetten und ein paar Almanachen ist die Sache noch keineswegs getan. Die literarischen Freunde des jungen Mannes haben zwar in öffentlichen Blättern versichert, seine Sonette würden auch lange nach seinem Tode noch fortleben; ich habe mich aber nachher nicht weiter danach erkundigt, kann daher auch nicht sagen, ob es in Erfüllung gegangen ist oder wie es sich überhaupt mit dieser Sache verhält.

Johann Daniel Falk, »Goethe aus näherm persönlichen Umgange dargestellt« (1832)

> Im Auslegen seid frisch und munter!
> Legt ihr's nicht aus, so legt was unter.

»Zahme Xenien«

Das Publikum, besonders das deutsche, ist eine närrische Karikatur des Demos. Es bildet sich wirklich ein, eine Art von Instanz, von Senat auszumachen und im Leben und Lesen dieses oder jenes wegvotieren zu können, was ihm nicht gefällt. Dagegen ist kein Mittel als stilles Ausharren.

Zu Riemer am 31. Dezember 1809

Das lebende Publikum gleicht einem Nachtwandler, den man nicht aufwecken soll; er mag noch so wunderliche Wege gehen, so kommt er doch endlich wieder ins Bette.

Schriften zur Literatur

Freylich, das Publicum, wenn man es an ein Saatfeld führt, bringt gleich die Sicheln mit, und bedenkt nicht, daß noch mancher Monat bis zur Erndte hingeht, ja wohl noch das ganze grüne Feld eine schöne Zeit unter einer Schnee- und Eisdecke zu ruhen hat.

Brief vom 30. Januar 1812

> »Die Feinde, sie bedrohen dich,
>   Das mehrt von Tag zu Tage sich,
>   Wie dir doch gar nicht graut!«
> Das seh ich alles unbewegt,
> Sie zerren an der Schlangenhaut,
>   Die jüngst ich abgelegt.
> Und ist die nächste reif genung,
> Ab streif ich die sogleich
> Und wandle neubelebt und jung
> Im frischen Götterreich.

»Zahme Xenien«

Die Welt ist so voller Schwachköpfe und Narren, daß man nicht nötig hat, sie im Tollhause zu suchen.

Zu Eckermann am 17. März 1830

Den Originalen
Ein Quidam sagt: »Ich bin von keiner Schule!
Kein Meister lebt, mit dem ich buhle;
Auch bin ich weit davon entfernt,
Daß ich von Toten was gelernt.«
Das heißt, wenn ich ihn recht verstand:
Ich bin ein Narr auf eigne Hand.

»Epigrammatisch«

Als ich noch jung war, hab ich mir freilich von verständigen Männern sagen lassen, es arbeite oft ein ganzes Zeitalter daran, um einen einzigen tüchtigen, großen Maler oder Dichter hervorzubringen; aber das ist lange her. Jetzt geht das alles viel leichter vonstatten. Unsre jungen Leute wissen das besser einzurichten und springen mit ihrem Zeitalter um, daß es eine Lust ist. Sie arbeiten sich nicht aus dem Zeitalter heraus, wie es eigentlich sein sollte, sondern sie wollen das ganze Zeitalter in sich hineinarbeiten; und wenn ihnen das nicht nach Wunsche glückt, so werden sie über die Maßen verdrießlich und schelten die Gemeinheit eines Publikums, dem in seiner gänzlichen Unschuld eigentlich alles recht ist.

Johann Daniel Falk, »Goethe aus näherm persönlichen Umgange dargestellt« (1832)

> »Ich hielt mich stets von Meistern entfernt;
>   Nachtreten wäre mir Schmach!
>   Hab alles von mir selbst gelernt.« –
> Es ist auch darnach!
>
> »Zahme Xenien«

Neulich besuchte mich ein junger Mann, der soeben von Heidelberg zurückkehrte; ich konnte ihn kaum über neunzehn Jahre schätzen. Dieser versicherte mich im vollen Ernste, er habe nunmehr mit sich abgeschlossen, und da er wisse, worauf es eigentlich ankomme, so wolle er künftighin sowenig wie möglich lesen, dagegen aber in gesellschaftlichen Kreisen seine Weltansichten selbständig zu entwickeln suchen, ohne sich durch fremde Sprachen, Bücher und Hefte irgend darin hindern zu lassen. Das ist ein prächtiger Anfang! Wenn jeder nur erst wieder von Null ausgeht, da müssen die Fortschritte in kurzer Zeit außerordentlich bedeutend werden.

Johann Daniel Falk, »Goethe aus näherm persönlichen Umgange dargestellt« (1832)

»Wie hast du an der Welt noch Lust,
 Da alles schon dir ist bewußt?«
 Gar wohl! Das Dümmste, was geschicht,
 Weil ich es weiß, verdrießt mich nicht.
 Mich könnte dies und das betrüben,
 Hätt ich's nicht schon in Versen geschrieben.

»Zahme Xenien«

Noch bin ich gleich von euch entfernt,
 Hass' euch Zyklopen und Silbenfresser!
 Ich habe nichts von euch gelernt,
 Ihr wußtet's immer besser.

»Zahme Xenien«

Es gibt Bücher, durch welche man alles erfährt und doch zuletzt von der Sache nichts begreift.

»Maximen und Reflexionen«

> »Zu Goethes Denkmal, was zahlst du jetzt?«
> Fragt dieser, jener und der. –
> Hätt ich mir nicht selbst ein Denkmal gesetzt,
> Das Denkmal, wo käm es denn her?
>
> »Zahme Xenien«

Die Berliner Sprachverderber sind doch auch zugleich die einzigen, in denen noch eine nationale Sprachentwicklung bemerkbar ist, zum Beispiel Buttertreppenkellergefalle: das ist ein Wort, wie es Aristophanes nicht gewagter hätte bilden können; man fällt ja selbst mit hinunter, ohne auch nur eine Stufe zu verfehlen.

Zu Friedrich Christoph Förster am 25. August 1831

Besorgnis
Eines wird mich verdrießen für meine lieben
    Gedichtchen:
  Wenn sie die W[iener] Zensur durch ihr Verbot nicht
    bekränzt.

»Xenien«

Auf zwei Sudler, die einander loben
Nicht so, nicht so, ihr Herrn. Wollt ihr einander zu Ehren
  Bringen, muß vor der Welt einer den andern verschrein.

»Xenien«

Denn bist du nur erst hundert Jahr berühmt,
So weiß kein Mensch mehr was von dir zu sagen.

»Zahme Xenien«

[...] weit darf man nicht ins deutsche Publikum hineinhorchen, wenn man Mut zu arbeiten behalten will.

Brief vom 3. Dezember 1795

Der Dichter freut sich am Talent,
An schöner Geistesgabe;
Doch wenn's ihm auf die Nägel brennt,
Begehrt er irdischer Habe.
Mit Recht soll der reale Witz
Urenkeln sich erneuern;
Es ist ein irdischer Besitz –
Muß ich ihn doch versteuern!

»Zahme Xenien«

Künstler! dich selbst zu adeln,
Mußt du bescheiden prahlen;
Laß dich heute loben, morgen tadeln
Und immer bezahlen.

»Zahme Xenien«

Rezensent

Da hatt ich einen Kerl zu Gast,
Er war mir eben nicht zur Last;
Ich hatt so mein gewöhnlich Essen,
Hat sich der Kerl pumpsatt gefressen,

Zum Nachtisch, was ich gespeichert hatt.
Und kaum ist mir der Kerl so satt,
Tut ihn der Teufel zum Nachbar führen,
Über mein Essen zu räsonieren:
»Die Supp hätt können gewürzter sein,
Der Braten brauner, firner der Wein.«
Der Tausendsakerment!
Schlagt ihn tot, den Hund! Es ist ein Rezensent.

»Parabolisch«

Hier liegt ein überschlechter Poet!
Wenn er nur niemals aufersteht.

»Zahme Xenien«

Schlechtes zu fertigen ist doch so leicht, und selber das
    Schlechte
  Ist ihm zu schwer; sein Buch wird nur durch Stehlen
    gefüllt.

»Xenien«

Auf gewisse Anfragen
Ob dich der Genius ruft? Ob du dem rufenden folgest?
  Ja wenn du mich fragst – nein! Folge dem rufenden
    nicht.

»Xenien«

Meine Dichterglut war sehr gering,
Solang ich dem Guten entgegenging;
Dagegen brannte sie lichterloh,
Wenn ich vor drohendem Übel floh.

»Sprichwörtlich«

O ihr Tags- und Splitterrichter,
Splittert nur nicht alles klein!
Denn, fürwahr! der schlechtste Dichter
Wird noch euer Meister sein.

»Zahme Xenien«

Deutliche Prosa
Alte Prosa, komm wieder, die alles so ehrlich heraussagt,
   Was sie denkt und gedacht, auch was der Leser sich
      denkt.

»Xenien«

»Mit unsern wenigen Gaben
Haben wir redlich geprahlt,
Und was wir dem Publikum gaben,
Sie haben es immer bezahlt.«

»Zahme Xenien«

Der Gesandte macht mir viel Verdruß, ich hab es vorausgesehn. Es ist der pünktlichste Narre, den's nur geben kann. Schritt vor Schritt und umständlich wie eine Base. Ein Mensch, der nie selbst mit sich zufrieden ist und dem's daher niemand zu Danke machen kann. Ich arbeite gern leicht weg, und wie's steht, so steht's, da ist er imstande, mir einen Aufsatz zurückzugeben und zu sagen: »Er ist gut, aber sehen Sie ihn durch, man findt immer ein besser Wort, eine reinere Partikel.« Da möcht ich des Teufels werden. Kein Und, kein Bindewörtchen sonst darf außenbleiben, und von allen Inversionen, die mir manchmal entfahren, ist er ein Todfeind. Wenn man seinen Period nicht nach der hergebrachten Melodie heraborgelt, so versteht er gar nichts drinne. Das ist ein Leiden, mit so einem Menschen zu tun zu haben.

»Die Leiden des jungen Werther«

Der Fürst hält mich wie seinesgleichen gut, und doch bin ich nicht in meiner Lage. [...] Manchmal knirsch ich mit den Zähnen, wenn ich ihn mit warmer Imagination so an Natur und Kunst herumführe und er's auf einmal recht gut zu machen denkt, wenn er mit einem gestempelten Kunstworte dreintölpelt.

»Die Leiden des jungen Werther«

Mir wurden viele Sprudelköpfe zuteil, welche fast den Ehrennamen eines Genies zum Spitznamen herabgebracht hätten.

»Tag- und Jahres-Hefte (1794)«

Wem ich ein besser Schicksal gönnte?
Es sind die erkünstelten Talente:
An diesem, an jenem, am Besten gebricht's,
Sie mühen und zwängen und kommen zu nichts.

»Zahme Xenien«

>   Da loben sie den Faust,
>   Und was noch sunsten
>   In meinen Schriften braust,
>   Zu ihren Gunsten;
>   Das alte Mick und Mack,

Das freut sie sehr;
Es meint das Lumpenpack,
Man wär's nicht mehr!

»Zahme Xenien«

So soll die orthographische Nacht
Doch endlich auch ihren Tag erfahren;
Der Freund, der soviel Worte macht,
Er will es an den Buchstaben sparen.

»Invektiven«

Eine Gesellschaft von (vermutlich) Studenten wirft hier die Mücken, die sie in ihren Nebenstunden mit Pfeilen erschossen haben, aus dem Fenster ins Publikum. Man kann es wirklich keinem Menschen übelnehmen, wenn er in den Stunden, da er sonst nichts getan hätte, Bücher schreibt; doch, wenn er es nicht besser macht als die Verfasser dieses Magazins, so raten wir ihm immer, sich einen andern Zeitvertreib zu suchen.

Aus einer Rezension des »Vermischten Magazins« in den »Frankfurter Gelehrten Anzeigen«

Gesteht's! die Dichter des Orients
Sind größer als wir des Okzidents.
Worin wir sie aber völlig erreichen,
Das ist im Haß auf unsresgleichen.

»West-östlicher Divan«

Auf den heiligen Joseph überhaupt haben es die Künstler abgesehen. Die Byzantiner, denen man nicht nachsagen kann, daß sie überflüssigen Humor anbrächten, stellen doch bei der Geburt den Heiligen immer verdrießlich vor. Das Kind liegt in der Krippe, die Tiere schauen hinein, verwundert, statt ihres trockenen Futters ein lebendiges, himmlisch-anmutiges Geschöpf zu finden. Engel verehren den Ankömmling, die Mutter sitzt still dabei; St. Joseph aber sitzt abgewendet und kehrt unmutig den Kopf nach der sonderbaren Szene.

»Maximen und Reflexionen«

> Hab ich euch denn je geraten,
> Wie ihr Kriege führen solltet?
> Schalt ich euch, nach euren Taten,
> Wenn ihr Friede schließen wolltet?
>
> Und so hab ich auch den Fischer
> Ruhig sehen Netze werfen,
> Brauchte den gewandten Tischer
> Winkelmaß nicht einzuschärfen.
>
> Aber ihr wollt besser wissen,
> Was ich weiß, der ich bedachte,
> Was Natur, für mich beflissen,
> Schon zu meinem Eigen machte.
>
> Fühlt ihr auch dergleichen Stärke?
> Nun, so fördert eure Sachen!
> Seht ihr aber meine Werke,
> Lernet erst: so wollt er's machen.
>
> »West-östlicher Divan«

Nur solchen Menschen, die nichts hervorzubringen wissen, denen ist nichts da.

»Maximen und Reflexionen«

[Anleitung für Schauspieler der Empfindsamkeit:] Erstlich, immer den Leib vorwärtsgebogen und mit den Knien geknickt, als wenn ihr kein Mark in den Knochen hättet! Hernach immer eine Hand an der Stirne und eine am Herzen, als wenn's euch in Stücken springen wollte; mitunter tief Atem geholt, und so weiter. Die Schnupftücher nicht vergessen!

»Der Triumph der Empfindsamkeit«

[Zeitgemäße Kunstbetrachtung:] Nein, wenn Sie etwas erblicken, es sei, was es wolle, sehn Sie es steif an und rufen: »Ach, was das für einen *Effekt* auf mich macht!« – Es weiß zwar kein Mensch, was Sie eigentlich sagen wollen; denn Sonne, Mond, Fels und Wasser, Gestalten und Gesichter, Himmel und Erde und ein Stück Glanzleinewand, jedes macht seinen eignen Effekt; was für einen, das ist ein bißchen schwerer auszudrücken. Halten Sie sich aber nur ans Allgemeine: »Ach! was das für einen *besondern* Effekt auf mich macht!« – Jeder, der dabeisteht, sieht auch hin und stimmt in den besondern Effekt mit ein; und dann ist's ausgemacht – daß die Sache einen besondern Effekt tut.

»Der Triumph der Empfindsamkeit«

»An meinen Bildern müßt ihr nicht schnuffeln, die Farben sind ungesund.« Rembrandt.

»Späne«

Warum der Strom des Genies so selten ausbricht, so selten in hohen Fluten heranbraust und Eure staunende Seele erschüttert? Liebe Freunde, da wohnen die gelassenen Kerls auf beiden Seiten des Ufers, denen ihre Gartenhäuschen, Tulpenbeete und Krautfelder zu Grunde gehen würden und die daher in Zeiten mit Dämmen und Ableiten die künftig drohende Gefahr abzuwehren wissen.

»Die Leiden des jungen Werther«

[Über ein Gespräch mit Lord Bristol, Bischof von Derby:] Er gefiel sich darin, gelegentlich grob zu sein; wenn man ihm aber ebenso grob entgegentrat, so war er ganz traktabel. Er wollte mir im Lauf unseres Gesprächs eine Predigt über den »Werther« halten und es mir ins Gewissen schieben, daß ich dadurch die Menschen zum Selbstmord verleitet habe. »Der ›Werther‹«, sagte er, »ist ein ganz unmoralisches, verdammungswürdiges Buch!« – »Halt!« rief ich. »Wenn Ihr so über den armen ›Werther‹ redet, welchen Ton wollt Ihr denn gegen die Großen dieser Erde anstimmen, die durch einen einzigen Federzug hunderttausend Menschen ins Feld schicken, wovon achtzigtausend sich töten und sich gegenseitig zu Mord, Brand und Plünderung anreizen. Ihr danket Gott nach solchen Greueln und singet ein Tedeum darauf! – Und ferner, wenn Ihr durch Eure Predigten über die Schrecken der Höllenstrafen die schwachen Seelen Eurer Gemeinden ängstiget, so daß sie darüber den Verstand verlieren und ihr armseliges Dasein zuletzt in einem Tollhause endigen! – Oder wenn Ihr durch manche Eurer orthodoxen, vor der Vernunft unhaltbaren Lehrsätze in die Gemüter Eurer christlichen Zuhörer die verderbliche Saat des Zweifels säet, so daß diese halb starken, halb schwachen Seelen in einem Labyrinth sich verlieren, aus dem für sie kein Ausweg ist als der Tod! – Was sagt Ihr da zu Euch selber, und welche Strafrede haltet Ihr Euch da? – Und nun wollt Ihr einen Schriftsteller zur Rechenschaft ziehen und ein Werk verdammen, das, durch einige beschränkte Geister falsch aufgefaßt, die Welt höchstens von einem Dutzend Dummköpfen und Taugenichtsen befreit hat, die gar nichts Besseres tun konnten, als den schwachen Rest ihres bißchen Lichtes vollends auszublasen! – Ich dachte, ich hätte der Menschheit einen wirklichen Dienst geleistet und ihren Dank verdient, und nun kommt Ihr und wollt mir diese gute, kleine Waffentat zum Verbrechen machen, während ihr anderen, ihr Priester und Fürsten, euch so Großes und Starkes erlaubt!« [–] Dieser Ausfall tat auf meinen Bischof eine herrliche Wirkung. Er ward so sanft wie ein Lamm und benahm sich von nun an gegen mich in unserer weiteren Unterhaltung mit der größten Höflichkeit und dem feinsten Takt.

Zu Eckermann am 17. März 1830

Mir ist's, als wär ich in der deutschen Komödie, es will gar kein Ende nehmen.

»Die Vögel«

[Wie gegen die bunten Vögel der Literatur vorzugehen sei:] Nimm zuerst diesen knotigen Prügel, womit der Kritikus alles junge Geziefer auf der Stelle breitzuschlagen pflegt! Nimm diese Peitschen, mit denen er, sich gegen den Mutwillen waffnend, die Ungezogenheit noch ungezogener macht! Nimm die Blasröhre, womit er ehrwürdigen Leuten, die er nicht erreichen kann, Lettenkugeln in die Perücken schießt – und so wehre dich gegen jeden in seiner Art! Hier, nimm das Tintenfaß und die große Feder und beschmiere damit dem ersten, der mit buntem Gefieder herankommt, die Flügel! Denn wer die Gefahr nicht scheut, fürchtet doch, verunziert zu werden.

»Die Vögel«

Heinses Ardinghello und *Schillers Räuber*. Jener war mir verhaßt, weil er Sinnlichkeit und abstruse Denkweisen durch bildende Kunst zu veredeln und aufzustutzen unternahm, dieser, weil ein kraftvolles, aber unreifes Talent gerade die ethischen und theatralischen Paradoxen von denen ich mich zu reinigen bestrebt, recht im vollen hinreißenden Strome über das Vaterland ausgegossen hatte. [–] Beiden Männern von Talent verargte ich nicht was sie unternommen und geleistet: denn der Mensch kann sich nicht versagen nach seiner Art wirken zu wollen, er versucht es erst unbewußt, ungebildet, dann auf jeder Stufe der Bildung immer bewußter, daher denn so viel Treffliches und Albernes sich über die Welt verbreitet, und Verwirrung aus Verwirrung sich entwickelt.

»Zur Morphologie: Glückliches Ereignis«

Und was heißt denn: sein Vaterland lieben, und was heißt denn: patriotisch wirken? Wenn ein Dichter lebenslänglich bemüht war, schädliche Vorurteile zu bekämpfen, engherzige Ansichten zu beseitigen, den Geist seines Volkes aufzuklären, dessen Geschmack zu reinigen und dessen Gesinnungs- und Denkweise zu veredeln: was soll er denn da Besseres tun? und wie soll er denn da patriotischer wirken? – An einen Dichter so ungehörige und undankbare Anforderungen zu machen wäre ebenso, als wenn man von einem Regimentschef verlangen wolle: er müsse, um ein rechter Patriot zu sein, sich in politische Neuerungen verflechten und darüber seinen nächsten Beruf vernachlässigen.

Zu Eckermann Anfang März 1832

Gesellschaft und Politik

Es erben sich Gesetz' und Rechte
Wie eine ew'ge Krankheit fort;
Sie schleppen von Geschlecht sich zum Geschlechte
Und rücken sacht von Ort zu Ort.
Vernunft wird Unsinn, Wohltat Plage;
Weh dir, daß du ein Enkel bist!
Vom Rechte, das mit uns geboren ist,
Von dem ist, leider! nie die Frage.

»Faust, 1. Teil«

Es ist ein wunderbaar Ding ums Regiment dieser Welt, so einen politisch moralischen Grindkopf nur halbe weege zu säubern und in Ordnung zu halten.

Brief vom 5. Januar 1777

»Hier aber«, versetzte Wilhelm, »sind so viele widersprechende Meinungen, und man sagt ja, die Wahrheit liege in der Mitte.« – »Keineswegs«, erwiderte Montan, »in der Mitte bleibt das Problem liegen.«

»Wilhelm Meisters Wanderjahre«

Gesellschaft

Aus einer großen Gesellschaft heraus
Ging einst ein stiller Gelehrter zu Haus.

Man fragte: »Wie seid Ihr zufrieden gewesen?«
»Wären's Bücher«, sagt' er, »ich würd sie nicht lesen.«

»Epigrammatisch«

Die Verbindung einer Reisegesellschaft ist eine Art von Ehe, und man findet sich bei ihr auch leider, wie bei dieser, oft mehr aus Konvenienz als aus Harmonie zusammen, und die Folgen eines leichtsinnig eingegangenen Bundes sind hier und dorten gleich.

»Wilhelm Meisters theatralische Sendung«

Nichts ist widerwärtiger als die Majorität; denn sie besteht aus wenigen kräftigen Vorgängern, aus Schelmen, die sich akkommodieren, aus Schwachen, die sich assimilieren, und der Masse, die nachtrollt, ohne nur im mindesten zu wissen, was sie will.

»Maximen und Reflexionen«

Die Deutschen sind übrigens wunderliche Leute! – Sie machen sich durch ihre tiefen Gedanken und Ideen, die sie überall suchen und hineinlegen, das Leben schwerer als billig. – Ei, so habt doch endlich einmal die Courage, *euch den Eindrücken hinzugeben*, euch ergötzen zu lassen, euch rühren zu lassen, euch erheben zu lassen, ja auch belehren und zu etwas Großem entflammen und ermutigen zu lassen; aber denkt nur nicht immer, es wäre alles eitel, wenn es nicht irgend abstrakter Gedanke und Idee wäre!

Zu Eckermann am 6. Mai 1827

An die Teutschen und Deutschen*
Verfluchtes Volk! kaum bist du frei,
So brichst du dich in dir selbst entzwei.
War nicht der Not, des Glücks genug?
Deutsch oder teutsch, du wirst nicht klug.

»Zahme Xenien«

Die Deutschen sollten in einem Zeitraume von dreißig Jahren das Wort Gemüt nicht aussprechen, dann würde nach und nach Gemüt sich wieder erzeugen; jetzt heißt es nur Nachsicht mit Schwächen, eignen und fremden.

»Maximen und Reflexionen«

> Über ein Ding wird viel geplaudert,
> Viel beraten und lange gezaudert,
> Und endlich gibt ein böses Muß
> Der Sache widrig den Beschluß.
>
> »Sprichwörtlich«
>
> Die Deutschen sind ein gut Geschlecht,
> Ein jeder sagt: »Will nur, was recht;
> Recht aber soll vorzüglich heißen,
> Was ich und meine Gevattern preisen;
> Das übrige ist ein weitläufig Ding,
> Das schätz ich lieber gleich gering.«
>
> »Zahme Xenien«

---

* Eines der Lieblingsthemen nationaler Sprachreiniger während und nach den Freiheitskriegen war die Frage, ob man »teutsch« oder »deutsch« schreiben solle.

Die Menschen werfen sich im Politischen wie auf dem Krankenlager von einer Seite zur andern, in der Meinung besser zu liegen.

Zu Kanzler von Müller am 29. Dezember 1825

    Darf man das Volk betriegen?
    Ich sage: nein!
    Doch willst du sie belügen,
    So mach es nur nicht fein.

»Epigrammatisch«

Alle Freiheitsapostel, sie waren mir immer zuwider;
    Willkür suchte doch nur jeder am Ende für sich.
Willst du viele befrein, so wag es, vielen zu dienen.
    Wie gefährlich das sei, willst du es wissen? Versuch's!

»Epigramme. Venedig 1790«

    Sie täten gern große Männer verehren,
    Wenn diese nur auch zugleich Lumpe wären.

»Zahme Xenien«

Man kann schon einen nicht, geschweige denn viele unter einen Hut bringen, denn jeder setzt ihn sich anders zurecht!

Zu Riemer am 2. Juni 1807

Man muß nur von dem Volke keine Notiz nehmen, das sich den Krebsgang liebt und gern auch andre retrograd machen möchte.

Brief vom 28. November 1812

Der Zeitpunkt
Eine große Epoche hat das Jahrhundert geboren,
   Aber der große Moment findet ein kleines Geschlecht.

»Xenien«

Das deutsche Reich
Deutschland? Aber wo liegt es? Ich weiß das Land nicht
   zu finden;
   Wo das gelehrte beginnt, hört das politische auf.

»Xenien«

Deutscher Nationalcharakter
Zur *Nation* euch zu bilden, ihr hoffet es, Deutsche,
   vergebens;
   Bildet, ihr könnt es, dafür freier zu Menschen euch aus.

»Xenien«

> Ich habe gar nichts gegen die Menge;
> Doch kommt sie einmal ins Gedränge,
> So ruft sie, um den Teufel zu bannen,
> Gewiß die Schelme, die Tyrannen.
>
> »Zahme Xenien«

> Umstülpen führt nicht ins Weite;
> Wir kehren frank und froh
> Den Strumpf auf die linke Seite
> Und tragen ihn so.
>
> »Zahme Xenien«

Vor der Revolution war alles Bestreben; nachher verwandelte sich alles in Forderung.

»Maximen und Reflexionen«

Gesetzgeber oder Revolutionärs, die Gleichsein und Freiheit zugleich versprechen, sind Phantasten oder Charlatans.

»Maximen und Reflexionen«

Die ewigen mißverstandnen Klagen nachgesungen: »Wir haben kein Vaterland, keinen Patriotismus.« Wenn wir einen Platz in der Welt finden, da mit unsern Besitztümern zu ruhen, ein Feld, uns zu nähren, ein Haus, uns zu decken, haben wir da nicht Vaterland? und haben das nicht tausend und tausende in jedem Staat? und leben sie nicht in dieser Beschränkung glücklich? Wozu nun das vergebene Aufstreben nach einer Empfindung, die wir weder haben können noch mögen, die bei gewissen Völkern, nur zu gewissen Zeitpunkten, das Resultat vieler glücklich zusammentreffender Umstände war und ist.

J. v. Sonnenfels, »Über die Liebe des Vaterlandes« (Wien 1771)

Wenn man alle Gesetze studieren sollte, so hätte man gar keine Zeit, sie zu übertreten.

»Maximen und Reflexionen«

Ehe die römische Republik ausgeartet, als jahrhundertelang kein Ehebruch vorgekommen, gegen den Vatermord gar kein Gesetz nötig geschienen etc., sei es doch übrigens so langweilig und nüchtern hergegangen, daß kein honetter Mensch sich dort gelebt zu haben wünschen möchte.

Zu Kanzler von Müller

Man kann der Gesellschaft alles aufdringen, nur nicht, was eine Folge hat.

»Maximen und Reflexionen«

Die Natur gerät auf Spezifikationen wie in eine Sackgasse: sie kann nicht durch und mag nicht wieder zurück; daher die Hartnäckigkeit der Nationalbildung.

»Maximen und Reflexionen«

Unsere jungen Herren finden nichts bequemer als hinaus zu marschiren, um anderen ehrlichen Leuten eben so beschwerlich zu seyn als man uns gewesen, und das ist ein sehr lockender Beruf, da man noch nebenher für einen ausgemachten Patrioten gilt. Uns Übersechzigern aber bleibt nichts übrig als den Frauen schön zu thun, damit sie nicht gar verzweifeln. Wie wollen wir das nun anfangen?

Brief vom 5. Januar 1814

> Wer jung verbleiben will,
> Denk, daß er mache –
> Und wenn's nicht Kinder sind,
> In anderm Fache.
>
> »Zahme Xenien« (Denk an die Menschen nicht)

Anstatt daß ihr bedächtig steht,
Versucht's zusammen eine Strecke;
Wißt ihr auch nicht, wohin es geht,
So kommt ihr wenigstens vom Flecke.

»Zahme Xenien«

Wenn man von den Leuten Pflichten fordert und ihnen keine Rechte zugestehen will, muß man sie gut bezahlen.

»Maximen und Reflexionen«

Eingebildete Gleichheit: das erste Mittel, die Ungleichheit zu zeigen.

»Maximen und Reflexionen«

Die Deutschen der neueren Zeit haben nichts anders für Denk- und Preßfreiheit gehalten, als daß sie sich einander öffentlich mißachten dürfen.

»Maximen und Reflexionen«

Wenn die Deutschen anfangen, einen Gedanken oder ein Wollen, oder wie man's nennen mag, zu wiederholen, so können sie nicht fertig werden, sie singen immer *unisono* wie die protestantische Kirche ihre Choräle.

Zu Riemer am 12. Dezember 1817

Den Deutschen ist nichts daran gelegen, zusammenzubleiben, aber doch, für sich zu bleiben. Jeder, sei er auch, welcher er wolle, hat so ein eignes *Für-sich*, das er sich nicht gern möchte nehmen lassen.

»Maximen und Reflexionen«

Ein Deutscher war schon absurd, solang er hoffte; da er nun überwunden war, so war gar nicht mehr mit ihm zu leben.

»Maximen und Reflexionen«

Die lieben Deutschen kenn' ich schon: erst schweigen sie, dann mäkeln sie, dann beseitigen sie, dann bestehlen und verschweigen sie.

Zu Riemer am 29. August 1816

Denn aufrichtig gesagt: wer könnte es denn wohl den lieben Deutschen recht machen, die noch immer in ihren anarchischen Wust verliebt sind.

Brief vom 1. Oktober 1809

Wer kein Leipzig gesehen hätte, der könnte [in Frankfurt] recht wohl seyn; aber das Sachsen, Sachsen! Ey! ey! das ist starcker Toback. Mann mag auch noch so gesund und starck seyn, in dem verfluchten Leipzig, brennt man weg so geschwind wie ein schlechte Peckfackel.

Brief vom August 1769

Lieber Herre, da bin ich nun. [In] Leipzig, ist mir sonderlich worden beym Nähern, davon mündlich mehr, und kann nicht genug sagen wie sich mein Erdgeruch und Erdgefühl gegen die schwarz, grau, steifröckigen, krumbeinigen, Perrückengeklebten, Degenschwänzlichen Magisters, gegen die Feyertags berockte, Allmodische, schlanckliche, vieldünckliche Studenten Buben, gegen die Zuckende, krinsende, schnäbelnde, und schwumelende Mägdlein, und gegen die Hurenhaffte, strozzliche, schwänzliche und finzliche Junge Mägde ausnimmt, welcher Greuel mir alle heut um die Thoren als an Marientags Tags Feste entgegnet sind.

Brief vom 25. März 1776

Die Chorführer der Menge sind gar aufmerksame Leute, ohne sich beredet zu haben handeln sie zu gemeinsamem Vortheil.

Briefkonzept, vermutlich vom 17. Juli 1819

Wie ein Mensch einmal gezwirnt ist, muß man ihn eben vernähen.

Brief vom 9. August 1822

Frei wären die Schweizer? Frei, diese wohlhabenden Bürger in den verschlossenen Städten? Frei, diese armen Teufel an ihren Klippen und Felsen? Was man dem Menschen nicht alles weismachen kann! Besonders wenn man so ein altes Märchen in Spiritus aufbewahrt. Sie machten sich einmal von einem Tyrannen los und konnten sich in einem Augenblick frei denken; nun erschuf ihnen die liebe Sonne aus dem Aas des Unterdrückers einen Schwarm von kleinen Tyrannen durch eine sonderbare Wiedergeburt; nun erzählen sie das alte Märchen immerfort, man hört bis zum Überdruß: sie hätten sich einmal frei gemacht und wären frei geblieben; und nun sitzen sie hinter ihren Mauern, eingefangen von ihren Gewohnheiten und Gesetzen, ihren Fraubasereien und Philistereien, und da draußen auf den Felsen is't's auch wohl der Mühe wert, von Freiheit zu reden, wenn man das halbe Jahr vom Schnee wie ein Murmeltier gefangengehalten wird. [–] Pfui, wie sieht so ein Menschenwerk und so ein schlechtes notgedrungenes Menschenwerk, so ein schwarzes Städtchen, so ein Schindel- und Steinhaufen, mitten in der großen, herrlichen Natur aus! Große Kiesel- und andere Steine auf den Dächern, daß ja der Sturm ihnen die traurige Decke nicht vom Kopfe wegführe, und den Schmutz, den Mist! Und staunende Wahnsinnige! – Wo man den Menschen nur wieder begegnet, möchte man von ihnen und ihren kümmerlichen Werken gleich davon fliehen.

»Briefe aus der Schweiz. Erste Abteilung«

Die Kriegslust die wie eine Art von Krätze unsern Prinzen unter der Haut sizt, fatigirt mich wie ein böser Traum, in dem man fort will und soll und einen die Füse versagen […] Das kluge Betragen der Grosen wird hoffentlich den kleinen die Motion ersparen die sie sich gerne auf andrer Unkosten machen mögten.

Brief vom 2. April 1785

Ich hasse alle Pfuscherei wie die Sünde, besonders aber die Pfuscherei in Staatsangelegenheiten, woraus für Tausende und Millionen nichts als Unheil hervorgeht.

Zu Eckermann Anfang März 1832

Ein Letztes

Der Teufel hol das Menschengeschlecht!
Man möchte rasend werden!
Da nehm ich mir so eifrig vor:
Will niemand weiter sehen,
Will all das Volk Gott und sich selbst
Und dem Teufel überlassen!
Und kaum seh ich ein Menschengesicht,
So hab ich's wieder lieb.

»Epigrammatisch«

EIN ALLERLETZTES

»So still und so sinnig!
   Es fehlt dir was, gesteh es frei.«
   Zufrieden bin ich,
   Aber mir ist nicht wohl dabei.

»Zahme Xenien«

GRABSCHRIFT

Verstanden hat er vieles recht,
Doch sollt er anders wollen;
Warum blieb er ein Fürstenknecht?
Hätt *unser* Knecht sein sollen.

Nachwort

»Jener leidenschaftlich wilde Humor«
oder
Vom Wunsch des Allseitigen, auch einmal einseitig zu sein

Daß Goethe ein unglaublich gebildeter, ja weiser Mensch gewesen ist, hat sich in unserem Bewußtsein geradezu verankert. Die volkstümliche Vorstellung vom Dichter und Denker in Personalunion: hier ward sie Ereignis! Als humoristischer Hausschatz indessen gilt sein Werk nicht unbedingt. Aber der Humus, aus dem die tiefgründige Einsicht erwuchs, bestand nicht nur aus bedeutenden Gedanken, sondern ebenso aus dreistem Widerspruchsgeist, fröhlicher Verweigerung, witziger Angriffslaune, aus Wut und Lust und Sentiment.

Auch Gedanken, die sich zu nennenswerter Höhe aufschwingen, machen ihre Flugübungen in der Ebene. Und die Glut, in der sich niedere Materie zum Stein der Weisen transformiert, hinterläßt überdies die Asche ungezählter Fehlleistungen.

Untersuchungen über Goethes Humor hatten immer etwas vergleichsweise Gequältes. Am nächsten waren noch die Zeitgenossen, wenn sie in Briefen und Gesprächen etwas von der anderen Seite des Olympiers festhielten. Johann Daniel Falk zum Beispiel erinnerte sich mit Vergnügen, wie »irgendeine tolle Verkehrtheit« Goethe reizen konnte, »einen kleinen Anfall von jenem leidenschaftlich wilden Humor« zu bekommen, wie er ihn auch aus etlichen seiner frühen Werke kennt. Und es war ihm dann eine rechte Freude, »den Allseitigen zu hören, wie er auch einmal recht einseitig und tüchtig beschränkt wurde, so daß er die Welt ordentlich an *einem*

Zipfel faßte und sie hin- und herzauste und schüttelte, statt daß er sie sonst, um nichts zu verschütten, gleichsam an allen vier Zipfeln trug. Er war dann rein toll und liebenswürdig; aber es bedurfte auch nur der geringsten Prosa, wie sie leider nur zu oft in Gesellschaften reichlich wuchert, um diesen glänzenden Fluß wieder zu stauen.«

Das Bedürfnis des Allseitigen, auch einseitig sein zu dürfen: Goethe war eben ein ganzer Kerl und nicht nur dieser zitable Goldschnitt-Klassiker, den man uns durch fortwährendes Auswählen des Schönen-Guten-Wahren zurechtgeschnitten hat. Möglich, daß er einer gewesen ist, dem man empört hätte in die Parade fahren mögen, Züge von Rechthaberei und Indolenz waren ihm nicht fremd. Möglich auch, daß man sich – horribile dictu – mit ihm auch einmal unter Niveau unterhalten konnte (sein Spaß an Scherzen, die alles andere als stubenrein waren, ist verbürgt). Aber ein Sänftling, ein Langweiler war er nicht. Er war gut für manche Taktlosigkeit, viele herrliche Frechheiten und jede nur denkbare *political incorrectness*. Wer nicht immer wieder einmal über die Grenzen des Geistes hinausgeschossen ist, weiß doch gar nicht, wie weit sie gesteckt sind. Goethe hat über jede Grenze hinausgedacht und manchmal auch hinausgelacht. »Und so war ich stets«, hat er als alter Mann zu Kanzler von Müller gesagt, »und werde es bleiben, solange ich lebe, und darüber hinaus hoffe ich auch noch auf die Sterne; ich habe mir so einige ausersehen, auf denen ich meine Späße fortzutreiben gedenke.«

Bei ihm kriegen Gelehrte und Pädagogen ihr Fett weg, die Theologie ganz besonders, zahlreiche Zeitgenossen (was uns eher amüsiert), dann aber auch wieder gesellschaftliche Phänomene, die sich bis heute erhalten haben und durch ihre Zählebigkeit alles andere als amüsant sind. Literarische Schwadronöre gibt es auch noch, wie eh und je. Und die mitunter deutlich ins Zotige gehenden Witze gegen Frauen zeigen eigentlich nur, daß selbst der größte und zärtlichste Liebhaber ein Mann wie jedermann war; da können die sonst so energisch hochgezogenen Dämme humanistischer Menschenbildung bei ein bißchen mephistophelischem Druck durchaus schon einmal nachgeben.

Nein, hier soll nicht der neue, ganze andere Goethe gezeigt werden, und natürlich sind uns »Faust« und »Wilhelm Meister« zur Entfaltung des Geistes mehr vonnöten als Goethes kleine Gemeinheiten. Aber wir brauchen auch das Salz seiner Satire. Und außerdem kann man sich mit diesem Büchlein ein bißchen frische Luft zufächeln, wenn in diesem und den kommenden Goethe-Jahren – also 1999, 2007, 2024 und 2032 – etwa wieder zu viel Weihrauch in der Luft liegen sollte. Das Verfallsdatum der kleinen Auswahl scheint mir diesbezüglich durchaus in weiter Ferne zu liegen.

Klaus Seehafer

Zitiert wurde nach der »Berliner Ausgabe« (1960 ff.), bei den Briefen und Tagebüchern nach der »Weimarer Ausgabe« (1887–1919), dazu aus den Gesprächen mit Eckermann, Falk und Friedrich von Müller, für die ich folgende Ausgaben benutzte:

Johann Peter Eckermann: Gespräche mit Goethe in den
  letzten Jahren seines Lebens. Berlin u. Weimar 1982.
Johann Daniel Falk: Die Prinzessin mit dem Schweine-
  rüssel. Lustspiele, Gedichte, Publizistik. Berlin 1988.
Goethes Unterhaltungen mit dem Kanzler Friedrich von
  Müller. Auswahl. München o. J. (= Piper-Bücherei; 40)

Für die Verifizierung so manchen Zitats habe ich einmal mehr der Redaktion des Goethe-Wörterbuchs (Heidelberger Akademie der Wissenschaften, Arbeitsstelle Tübingen) zu danken!